D1670309

P. Innerhofer   A. Warnke

Eltern als Co-Therapeuten

Analyse der Bereitschaft von Müttern zur
Mitarbeit bei der Durchführung therapeutischer
Programme ihrer Kinder

Mit einem Geleitwort von J. C. Brengelmann

Mit 29 Abbildungen, 35 Tabellen und 7 Schemata

Springer-Verlag
Berlin Heidelberg New York 1978

Dr. Paul Innerhofer
Max-Planck-Institut für Psychiatrie
Kraepelinstraße 10
8000 München 40

Dr. Andreas Warnke
Max-Planck-Institut für Psychiatrie
Kraepelinstraße 10
8000 München 40

ISBN 3-540-08647-1 Springer-Verlag Berlin Heidelberg New York
ISBN 0-387-08647-1 Springer-Verlag New York Heidelberg Berlin

Library of Congress Cataloging in Publication Data: Innerhofer, Paul, 1936–.
Eltern als Co-Therapeuten. 1. Child psychotherapy. 2. Mother and child.
I. Warnke, Andreas, 1945– joint author. II. Title. RJ504.I56 618.9′28′915 78-1609

Druck und Bindearbeiten: Fotokop, Darmstadt
2126/3140-543210

Geleitwort

PAUL INNERHOFER hat sich, unterstützt durch eine Reihe quali-
fizierter Mitarbeiter, in wenigen Jahren zu einem bekannten
Experten in der Modifikation von Verhaltensstörungen bei
Schulkindern entwickelt. Dies ist bereits eine Entwicklung,
der man besondere Anerkennung zollen muß. Er ist aber nicht
hierbei stehen geblieben, sondern hat die Begrenzung seines
Vorgehens analysiert, um die möglichen Probleme kennenzu-
lernen und bei Nichterfüllung seiner Erwartungen neue Wege
beschreiten zu können.

Auf diese Weise ist eine Erkenntnis konsequent ausgenützt
worden, nämlich die, daß die alleinige Behandlung des Kindes
durch den Therapeuten nicht ausreicht, um die Verhaltensstörung dauerhaft zu beseitigen. Vielmehr muß die Behandlung
vieler Störungen in Zusammenarbeit mit den Eltern durchgeführt werden. Korrekter gesagt, die Eltern müssen einen therapeutischen Einfluß auf die Kinder ausüben, anstatt sich
therapeutisch neutral oder gar antitherapeutisch zu benehmen.
Verhaltensstörungen sind ja keine Probleme, die "von innen
heraus" entstehen, sondern sind primär Reaktionen auf Einflüsse von außen. Eltern müssen also ein Training in der
Praxis der Verhaltensmodifikation erhalten und für diesen Aufgabenbereich hat sich PAUL INNERHOFER in hervorstechender
Weise qualifiziert.

Die zweite Erkenntnis ließ nicht lange auf sich warten. Die
Behandlung verhaltensgestörter Schulkinder unter Mithilfe der
Eltern erwies sich zwar als effektiv, solange die Eltern
aktiv mitwirkten, doch zeigten sich bald Probleme in der be-
ständigen Ausführung dieser Aktivitäten. Viele Eltern

blieben den Therapiestunden fern, liefen während der Therapie
davon oder brachen sie ganz ab, ohne daß man darauf einen
Einfluß hatte. Diese mangelnde Motivation der Eltern trat besonders dann auf, wenn sie am meisten gebraucht wurden. Das
vorliegende Buch von INNERHOFER und WARNKE befaßt sich besonders mit diesem Problem.

In Übereinstimmung mit traditionellen Persönlichkeitstheorien
könnte man von quasi feststehenden und von vornherein ge-
gebenen kooperativen und nicht kooperativen Charaktereigen-
schaften sprechen, etwa so wie es große und kleine oder
dümmere und intelligentere Menschen gibt. Daß diese Inter-
preation nicht zutrifft, zeigt eine dritte Erkenntnis. Es
zeigte sich, daß unkooperative Eltern durch nichts so sehr
charakterisiert sind als durch die widrigen sozio-ökonomischen
Verhältnisse, in denen sie leben. In späteren Therapiestudien
wurde diese Kenntnis berücksichtigt und es zeigte sich, daß
man die Ausfallquote der Eltern bei günstiger Auswirkung auf
die therapeutische Praxis erheblich senken konnte.

Schließlich hat diese Erkenntnis Verbindung mit anderen Be-
funden hergestellt, die die Rolle starrer ökologischer
Variablen bei der Förderung kindlicher Verhaltensweisen betrifft. Die Begrenzung der Verhaltensentwicklung durch un-
günstige ökologische Tatbestände ist eine Seite der Münze.
Auf der anderen Seite sollte dies Konsequenzen in bezug auf
das therapeutische Verfahren haben. Man kann sich auf den
Standpunkt stellen, daß die traditionell gepflegte Form der
Symptombehandlung erweitert werden muß. Anstatt das Symptom
oder die Störung in der Person zu behandeln, sollte man in
allen angebrachten Fällen die Therapie stärker auf die Umwelt
beziehen. Einmal wird es in einigen Fällen möglich sein, die
ökologische Situation ohne grundsätzliche sozio-ökonomische
Verbesserung so zu arrangieren, daß Belastung vermindert und
Verhalten gefördert wird. Dies ist zum Beispiel der Fall,
wenn die Nutzungsinteressen verschiedener Familienmitglieder
in einer kleinen Wohnung durch eine neue Raum/Zeitverteilung
verbessert werden. Man kann aber auch die Therapie so aus-
richten, daß man den Kindern Strategien beibringt, wie sie

die ökologischen Bedingungen so nutzen, daß sie sie als Hilfsmittel in der eigenen Verhaltensförderung einsetzen können. Es ist bezeichnend, daß Mittelstandskinder häufig keine bessere geistige Ausrüstung besitzen als Unterschichtskinder, daß sie aber die Strategien der Umweltnutzung wesentlich besser beherrschen. Dies ist wohl auch der Grund dafür, daß - gleiche Behandlung und gleiche Intelligenz vorausgestzt - Mittelschichtskinder signifikant mehr von einer Therapie profitieren als Unterschichtskinder. Anstatt daß diese aufholen, öffnet sich die Schere weiter zugunsten jener. Dies scheint mit ein ganz reales und verbreitetes, aber mehr oder weniger übersehenes Problem zu sein.

Das vorliegende Buch ist zwar eine sehr spezielle Abhandlung, aber seine Publikation ist notwendig, um die besonderen Probleme der Behandlung gestörter Kinder einmal in den Vordergrund zu rücken und um zu zeigen, warum die Autoren bestimmte Wege beschritten haben.

München, März 1978   JOHANNES C. BRENGELMANN

Vorwort

Die Vorstellung, wonach der Therapeut alleine mit dem Kind arbeitet, gilt heute als überholt. Man hat erkannt, daß viele Störungen ohne Zusammenarbeit mit den Eltern nicht wirksam und dauerhaft bewältigt werden können. Somit entstand ein neuer Aufgabenbereich, der sich um den Begriff Elterntraining zentriert. Als wir uns vor Jahren voll Optimismus diesen neuen Aufgaben zuwandten, mußten wir jedoch bald erfahren, daß die Kindtherapie mit Hilfe der Eltern zwar effektiv ist, wir jedoch häufig scheitern, weil die Eltern den Therapie-stunden fernbleiben, die Therapie abbrechen, uns davonlaufen, bevor wir etwas ändern könnten. Nicht selten waren es gerade die Eltern, deren Mitarbeit wir am dringendsten benötigt hätten. Wie viele andere, so vermuteten auch wir zunächst, daß es so etwas wie einen kooperativen und einen unkoopera-tiven Charakter gibt, wie es eben zuverlässige und unzu-verlässige Menschen gibt. Stimmt die Hypothese? Wir werden sehen, daß sie nicht stimmt. Wir haben eine Stichprobe von 340 Eltern untersucht und konnten zeigen, daß nichts so sehr unkooperative Eltern charakterisiert als widrige sozio-ökonomische Verhältnisse. Dieses Ergebnis mahnt uns, beim Suchen nach Lösungen zu allererst die sozio-ökonomischen Bedingungen im Auge zu behalten. So konnten wir in späteren Therapiestudien, in denen wir diese Ergebnisse berücksichtigt haben, die Ausfallquoten entscheidend senken, und die Analysen zeigten sich auch für die Therapiepraxis als relevant und gültig.

Dank schulden wir vielen: den Eltern, die sich für die Unter-suchung bereit gefunden haben; den Sonderschullehrern der Klenzeschule, ohne deren Mithilfe die Untersuchung nicht

X

durchgeführt hätte werden können; dem Rektor PÖHNL, der uns
mit seinem Sachwissen zur Seite stand; Professor BRENGELMANN,
der uns bei der Abfassung des Manuskripts behilflich war.

München, im März 1978   PAUL INNERHOFER
                                               ANDREAS WARNKE

Inhaltsverzeichnis

XIV

Einleitung

Verhalten ist erlernbar. Diese pädagogische Grundvorausset-
zung hat die Verhaltenstherapie radikal auf abnormes Verhalten
und auf Erziehungsprobleme angewandt. Das Ausmaß, in dem Verhalten erlernbar ist, ist in der Tat erstaunlich, wenn die situativen Lernbedingungen günstig sind und Techniken gefunden
werden, die eine konsequente Vorgehensweise nach den Lernprinzipien erlauben. Trotzdem sind die Erfolge in der verhaltenstherapeutischen Praxis oft bescheiden, und das lenkt folge-
richtig das Augenmerk der Forschung auf die Bedingungen, von
denen die Anwendung verhaltenstherapeutischer Techniken abhängt.

Das Grundproblem des Praktikers kann auf die Formel gebracht
werden: Man weiß, was getan werden müßte, man weiß aber nicht,
wie der Patient dazu zu motivieren ist, und darum ist man
letztlich auf das Zusammentreffen günstiger Zufälle angewiesen. Wir werden dieses Problem am Beispiel des Elterntrainings
noch genauer aufzeigen.

Nun setzt die Verhaltenstherapie ja gerade bei der Motivation
an. Was im operanten Konditionieren unmittelbar verändert
wird, sind Trieb- und Motivationszustände. Aber da bleibt ein
Rest.
Bei der Trieb- und Motivationsbefriedigung handelt der Orga-
nismus nach dem Ökonomieprinzip: Es wird der kürzeste Weg zur
Befriedigung gewählt. Der Lernprozeß, den der Therapeut auslöst, ist auf jeden Fall ein Umweg. Die Verstärkung bei der
Konzentrationstherapie z.B. bleibt wirkungslos, wenn das Kind
auch ohne Anstrengung die Verstärker erreichen kann. Was im

Tierexperiment kein Problem darstellt, nämlich das Ausschalten aller Alternativmöglichkeiten, wird in der therapeutischen Praxis zum zentralen Problem. Mit zunehmendem Alter bietet die Umgebung dem Kind mehr und mehr Möglichkeiten auf Alternativmöglichkeiten auszuweichen, und es ist nicht zufällig, daß das Motivationsproblem bei der Veränderung von Lehrer-, Erzieher- und Elternverhalten besonders in den Vordergrund tritt.

Was wir bei diesen an Verstärkern einsetzen können, die sie nicht auf anderem Wege schneller erreichen können, ist der erzieherische Erfolg. Je geringer das Interesse an diesem Erfolg ist, desto geringer sind die Verstärkungsmöglichkeiten. Unsere Erfahrungen aus drei Schulversuchen und einer langen Trainingsreihe mit Erziehern und Eltern spiegeln genau diese Bedingungen wider: Die Zusammenarbeit mit Eltern war am leichtesten, mit Lehrern am schwierigsten. Der Lehrer hat die Möglichkeit, störende Schüler spätestens nach einem Jahr loszuwerden, die Eltern nicht. Sie können ihre Kinder nicht in eine andere Familie "umwohnen", sie können sie höchstens in ein Heim bringen. Aber auch die Zusammenarbeit mit den Eltern ist noch schwierig genug.

Unsere These lautet pointiert: Das Problem der therapeutischen Kooperativität liegt nicht in der Person, die ihr Verhalten ändern soll, sondern vielmehr in den situativen Bedingungen, in denen sie ihre Verhaltensänderung erlernen und dann im Verhalten durchsetzen soll. Es ist nach unserer Auffassung nicht sinnvoll, das Problem ins Innere des Menschen zu verlagern, wozu der zentrale Begriff "Motivation" auffordert, sondern das Problem liegt ganz im Gegenteil in den situativen Bedingungen. Haben sich die Väter der Verhaltenstherapie um die Herausarbeitung des Zusammenhangs von Konsequenzen und Verhalten bemüht, so liegt es nun an uns, die Abhängigkeit therapeutisch eingesetzter Konsequenzen von situativen Bedingungen aufzuzeigen und Möglichkeiten ihrer planvollen Veränderung zu untersuchen.

Die vorliegende Arbeit, in der die Kooperativität von Eltern bei der Förderung ihrer geistig behinderten Kinder im Zusam-

menhang mit der Sonderschule untersucht wird, ist im wesentlichen als Bestandsaufnahme und erste Sichtung des Problems
anzusehen. Die zentrale Frage der Untersuchung lautet: Wo
sind die Faktoren zu suchen, die Kooperativität kontrollieren?
Liegen sie in der Persönlichkeit des Menschen, in seinen Beziehungen oder in den sozio-ökonomischen Variablen, unter
denen er lebt?

1. Kooperation als Problem des Elterntrainings

Seit Anfang der Sechzigerjahre sind weit über 100 Arbeiten
geschrieben worden - meist Fallstudien -, in denen über Ergebnisse von Elterntrainings berichtet wird. Die Erfolge, über
die berichtet wird, sind beachtlich, und es scheint möglich
zu sein, mit dieser ökonomisch sehr günstig liegenden Methode
viele Heimeinweisungen oder stationäre Behandlungen vermeiden
zu können und einer größeren Anzahl von Familien mit schweren
Erziehungsproblemen schneller und wirksamer zu helfen.

Doch der Eindruck, den man aus der Literatur gewinnt, ist zu
optimistisch. Der Großteil der Studien besteht in Einzelfall-
untersuchungen, die zwar etwas aussagen über die Effektivität der Methode, nicht jedoch über die Probleme, die bei einem
allgemeinen Einsatz in der Praxis zu erwarten sind. Vor allem
über das Problem der Motivation erfahren wir aus Einzelfall-
studien naturgemäß nicht genug, da eine abgebrochene Einzel-
fallstudie nicht publiziert wird. Die wenigen Experimente -
meist mit ausgewählten Stichproben - zeigen indes, daß die
Motivation der Eltern zur Mitarbeit längst nicht immer gegeben
ist und daß dies ein Problem ist, das die Bedeutung der Methode stark relativiert, wenn es auch in Zukunft nicht in den
Griff zu bekommen ist.

Wir werden nun im Folgenden einige empirische Daten zu diesem
Problem bringen (1.1), und dann einige Erklärungsversuche
darstellen (1.2). Der Abschnitt wird abgeschlossen mit einer
detaillierten phänomenologischen Beschreibung des Problemfeldes, das wir untersuchen wollen (1.3 und 1.4).

1.1. Ausfallquoten beim Elterntraining

PATTERSON (1971 a) wählte für ein Experiment Familien nach
solchen Kriterien aus, die eine Mitarbeit wahrscheinlich und
ein vorzeitiges Ausscheiden unwahrscheinlich machen sollten.
Keine der Familien lebte weiter als 20 Fahrminuten vom Therapiezentrum entfernt.

Familien mit schwer retardierten, psychotischen oder hirnge-
schädigten Mitgliedern wurden ebenfalls nicht in die Stichprobe aufgenommen. Sämtliche Familien beteiligten sich freiwillig am Therapieprogramm. Trotzdem sind drei von elf Familien bereits während oder unmittelbar nach Erhebung der
Grundlinie ausgeschieden.

PATTERSON folgert aus seinen Experimenten, man sei in der
Lage, mit Zweidritteln der Familien effektiv zu arbeiten,
während man bei einem Drittel scheitere. Unter der Voraussetzung, daß PATTERSONs Auswahlkriterien angemessen waren,
dürfte die Ausfallquote bei unausgelesenen Stichproben noch
viel höher liegen.

RICHARDSON und MOORE (1970) führten ein Training bei Eltern-
paaren retardierter Kinder durch. Zu Beginn der Untersuchung
umfaßte die Stichprobe 17 Eltern, die sich freiwillig am
Elterntraining beteiligten. Nur sechs hielten das Training
durch.

CHEEK et al. (1971) unternahmen den Versuch, Eltern schizo-
phrener Kinder darin zu schulen, Belohnung und Bestrafung
nach Prinzipien der Verhaltenstherapie anzuwenden, um fehlan-
gepaßtes Verhalten der Patienten in der familiären Situation
zu ändern. 240 Familien wurden zum Verhaltenstraining eingeladen. 26 Familien antworteten, daß sie an einer Teilnahme
interessiert seien. Zur ersten Sitzung erschienen schließlich
19 Familien. Das Elterntraining verteilte sich auf 10 Trai-
ningstage. Tabelle 1 zeigt wie sich die Teilnehmerquote im
Verlauf des Programms veränderte.

Tabelle 1. Teilnahme am Verhaltensmodifikationsprogramm
(CHEEK et al., 1971)

Trainingstag	Zahl der teil- nehmenden Familien	Zahl der teil- nehmenden Personen
1	18	32
2	17	30
3	14	20
4	12	19
5	10	17
6	11	17
7	11	17
8	10	15
9	8	12
10	12	19

Nach Beendigung des Elterntrainings beantworteten noch 20
Eltern einen Abschlußbogen. Von diesen 20 Personen hatten
teilgenommen:

3 an allen 10 Trainingsstunden
4 an   9 Trainingsstunden
7 an   8 Trainingsstunden
5 an   7 Trainingsstunden
1 an   4 Trainingsstunden

Es zeigte sich außerdem:
1. Nach einem stärkeren Ausfall am Anfang blieb die Teilnehmerquote später ziemlich konstant etwa bei 50-60% der
   Familien.
2. Nur drei der anfänglich 32 Teilnehmer waren bei allen
   Trainingsstunden anwesend. Damit war nur bei 6% der
   Eltern eine absolut zuverlässige Mitarbeit möglich!

SALZINGER et al. (1970) unterrichteten Eltern hirngeschädigter Kinder darin, Techniken des operanten Bedingens anzuwenden.

Das gesamte Projekt umfaßt zwei Untersuchungen in zwei auf-
einanderfolgenden Jahren. Eltern hirngeschädigter Kinder wurde
jeweils ein verhaltenstherapeutisches Training angeboten,
das sich über acht Monate hinzog. In beiden Jahren wurden 500

Einladungen an Eltern versandt. Es fanden sich zunächst je
25 Familien, die sich für das Projekt interessierten.

Im ersten Jahr nahmen von den 25 Familien 17 an einem Erstinterview teil. Am Trainingsprogramm beteiligten sich schließlich nur noch 7 Familien, das sind weniger als ein Drittel.

An der Untersuchung des zweiten Jahres nahmen 12 der 25 Familien an einem Erstinterview teil, von denen sich nur acht
am Trainingsprogramm beteiligten, also knapp ein Drittel.
In dieser Untersuchung unterschieden die Autoren zusätzlich
zwischen Eltern, die erfolgreich bzw. nicht erfolgreich am
Therapieprogramm teilgenommen hatten. Als erfolgreich wurden
Eltern eingestuft, deren Mitarbeit zu offensichtlichen Verhaltensänderungen beim Kind führte. Zusammenfassend ergab
sich im zweiten Jahr folgendes Ergebnis:
12 Eltern erschienen zum Erstinterview, wovon
 4 Eltern von vornherein die Mitarbeit verweigerten,
 8 Eltern sich regelmäßig an den Sitzungen beteiligten, wovon
 4 Eltern das Training erfolgreich abschlossen, d.h. vier
   allein erreichten Therapieeffekte bei ihren Kindern.

Das Elterntraining war demnach bei einem Drittel der Eltern
erfolgreich. Ein zweites Drittel fiel völlig aus. Das letzte
Drittel arbeitete regelmäßig mit, aber ohne Erfolg.

SCHULZE et al. (1974) versuchten, ohne vorherige Auswahl
Eltern erziehungsschwieriger Kinder für ein Elterntraining
zu gewinnen. Mit den Kindern, die eine Sonderschule für
Erziehungsschwierige besuchten, wurde gleichzeitig in der
Schule ein verhaltenstherapeutisches Programm durchgeführt.

20 Eltern wurden angeschrieben und zu einem Elternabend in
der Schule eingeladen. 12 Eltern erschienen. Die restlichen
8 Eltern wurden zu Hause aufgesucht, um sie zur Teilnahme
am Elterntraining zu bewegen. 10 Eltern erlaubten ein Erstinterview, wozu die Therapeuten die Eltern zu Hause auf-
suchten. Nur 6 Eltern erklärten sich danach zu einer Mitar-

beit bereit. Weitere Interviews und Beobachtungssitzungen im
Labor schlossen sich an. Zum eigentlichen Verhaltenstraining
verblieben schließlich nur noch 2 Elternpaare, nachdem eine
Familie ausgeschieden war, weil der Therapeut ein Training
nicht für nötig hielt. Die Mitarbeit der zwei verbliebenen
Eltern ließ sich auch nur sichern, nachdem man auf einen geplanten, zusätzlich belastenden Teil des Trainings verzichtet
hatte.

In einer Arbeit von MIRA (1970) wurden in 113 Fällen Lehrer
und Eltern aufgefordert, an einem Trainingsprogramm zur
Therapie von Kindern teilzunehmen. Bedingungen zur Mitarbeit
waren die Überweisung durch einen Arzt, wöchentliche Auf-
zeichnungen über das Problemverhalten und die Zusage, nicht
häufiger als dreimal im Training zu fehlen, bevor nicht
eine erfolgreiche Verhaltensänderung beim Kind erzielt wurde.
Als Kriterium für erfolgreiche Teilnahme am Training galt
die Änderung zweier störender Verhaltensweisen. Von 113 Erziehern, die für das Training vorgesehen waren, sind 18 nie
erschienen. Weitere 13 wurden an andere Institutionen ver-
wiesen. Es blieben 82 Eltern und Lehrer, die zumindest an
einer Trainingsstunde teilnahmen:
39% arbeiteten nicht in geforderter Weise mit: sie brachten
    keine wöchentlichen Berichte über das Kind oder er-
    schienen nicht mehr
15% veränderten erfolgreich eine Verhaltensweise, schieden
    aber insofern aus, als sie das Mitarbeitskriterium,
    mindestens zwei Verhaltensweisen des Kindes zu ändern,
    nicht erfüllten
46% der Erzieher erreichten das Kriterium der erfolgreichen
    Mitarbeit.

Zusammenfassend müssen wir feststellen: Die Mitarbeit von
Eltern bei der Verhaltenstherapie des Kindes mißlingt häufig.
Eltern arbeiten unzuverlässig mit, oder sie brechen die Be-
handlung vorzeitig ab.
Die berichteten Ausfallquoten schwanken beträchtlich von
Untersuchung zu Untersuchung. Allerdings sind die Quoten aus

mehreren Gründen nicht vergleichbar: Erstens sind die Voraus-
wahlkriterien für die Elternstichprobe uneinheitlich, zweitens
sind die Eltern bei den verschiedenen Trainings unterschiedlich beansprucht worden und schließlich stimmen die Autoren
nicht darin überein, wann man von einem Ausfall sprechen muß.
Ist es als Ausfall zu bewerten, wenn die Eltern eine Mitarbeit von vornherein verweigern, wenn sie vom Training zurück-
treten, wenn sie unregelmäßig kommen oder erst, wenn sie nicht
mehr teilnehmen?

In allen Untersuchungen wird deutlich, daß Eltern effektive
Therapeuten ihrer Kinder sein können, wenn es gelingt, ihre
Mitarbeit zu gewinnen. Diese Mitarbeit jedoch ist ein Problem;
es stellt sogar das Kernproblem der Elternarbeit dar.

1.2. Literaturübersicht zur Erklärung der Ausfallquoten

1.2.1. Eltern werden unkooperativ, wenn sie durch die Therapie
Annehmlichkeiten aufgeben müssen (Verlust positiver Verstärker, Bestrafung Art II)

In einer Untersuchung familiären Verhaltens (nicht im Zusammenhang mit Ausfallquoten) gehen PATTERSON und REID (1970)
von der Familie als Interaktionsmuster aus. Dabei sollen sich
die familiären Interaktionen vor allem durch zwei unterschiedliche Verstärkungsmuster charakterisieren lassen:

a) "Reciprocity": Die Interaktion ist für die Personen A und
B gleichzeitig positiv verstärkend; dadurch wird das Verhalten
beider aufrechterhalten (Gegenseitigkeit).

b) "Coercion": Interaktionsmuster, bei dem das Verhalten der
Person A durch Strafreize kontrolliert wird, während gleichzeitig das Verhalten der Person B durch positive Verstärker
aufrechterhalten wird. Die Interaktion führt bei Person A zur
Vermeidung eines Strafreizes, bei Person B zum Erhalt eines
positiven Verstärkers (Zwang).

Beide Interaktionsmuster werden dadurch stabilisiert, daß sie
für jeweils beide Personen lohnend sind: entweder resultiert
für beide positive Verstärkung (reciprocity) oder nur für
Person B, während Person A durch die Art der Interaktion einen
Strafreiz vermeidet (coercion). Deviantes Verhalten soll sich
am wahrscheinlichsten aus dem Interaktionsmuster der "Coercion", des Zwangs, ausbilden. Werden die aus der Interaktions-
theorie resultierenden Methoden auf abweichendes Verhalten
angewandt, so folgt: auch aus dem Fehlverhalten resultiert ein
Gewinn; die Interaktion, die das gestörte Verhalten beinhaltet,
ist für beide Partner lohnend. Wenn aber die "pathologische"
Interaktion für beide Partner lohnend ist, so gehen beim Abbau
abweichenden Verhaltens durch die Therapie Verstärker verloren.

Dies wirkt bestrafend und kooperativitätswidrig, wenn die
Teilnehmer der Therapie nicht gleichzeitig neue positive Verstärker erwerben können. Damit wird verständlich, daß ein
Therapieerfolg beim Kind durchaus nicht immer von den Eltern
als verstärkend empfunden wird, sondern manchmal eher Anlaß
ist, die Therapie abzubrechen. Dies ist dann wahrscheinlich,
wenn die Eltern durch den therapeutischen Fortschritt des
Kindes plötzlich Annehmlichkeiten verlieren.
Ein Beispiel dafür, daß der Verlust von positiven Verstärkern
Eltern von kooperativer Mitarbeit abhalten kann, ist die Beobachtung von CHEEK et al. (1971), daß unpassende Termine Anlaß zu Ausfällen sein können. So blieben Eltern dem Training
fern, weil sie die Sonntage, an denen das Training angesetzt
war, lieber mit dem "verhaltensgestörten" Kind zu Hause ver-
bringen wollten. Die Eltern waren eher bereit, die Verhaltens-
schwierigkeiten ihres Kindes zu ertragen als auf die Annehmlichkeiten eines Sonntags im Familienkreis zu verzichten.

1.2.2. Eltern werden unkooperativ, wenn die Therapie des
Kindes zum Verlust von sekundärem Krankheitsgewinn führt
(Verlust der familiären Homöostase)

Auch die Familientherapie steht vor dem Problem, daß Eltern
von sich aus die Mitarbeit aufkündigen. Die Erfahrungen

jedoch, die Familientherapeuten hier machen, sind nicht ohne
weiteres vergleichbar mit den Ausfällen bei Elterntrainings.
Denn Elterntraining und Familientherapie unterscheiden sich
nicht nur im Beschreibungs- und Erklärungsmodell, sondern auch
in den Therapiemethoden. Trotzdem möchten wir Aussagen von
Familientherapeuten zum Problem der Ausfallquoten berücksichtigen, weil sie die Fragestellung für unsere Untersuchung
bereichern können. Wir wollen knapp einige Grundzüge des Mo-
dells der Familientherapie beschreiben, damit ihre Aussagen
besser verstanden werden.

Das tiefenpsychologische Homöostasemodell, auf die Familie
übertragen, dient den meist analytisch orientierten Familientherapeuten zur Erklärung von Ausfällen.

ACKERMANN (1961), einer der ersten Familientherapeuten in
Amerika, hat das Freudsche Homöostase-Modell für die Familie
erweitert.

Schema 1. Interaktionsmodell der Familie nach ACKERMANN
(1961)

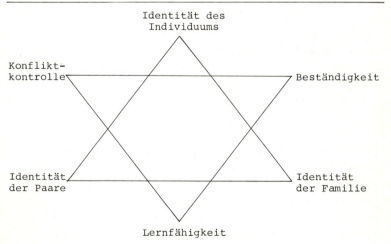

Identität des
Individuums

Konflikt-
kontrolle   Beständigkeit

Identität   Identität
der Paare   der Familie

Lernfähigkeit

Schema 1 besagt: Die Identität der Person, der Paare und der Familie garantiert das Gleichgewicht. Streben nach Beständigkeit, Anpassung und Konfliktkontrolle sind die Prozesse, durch die das immer gefährdete Gleichgewicht aufrechterhalten werden soll.

Anpassung durch Lernen ist die adäquate Form, das durch äußere und innere Veränderungen gefährdete Gleichgewicht immer wieder neu zu konstituieren. Die Familie kann aber auch versuchen, das Gleichgewicht dadurch zu erhalten, daß eines der Mitglieder pathologisches Verhalten annimmt. So können z.B. Mobilität und Veränderung in einer Familie mit heranwachsenden Kindern dadurch abgewehrt werden, daß das Kind gezwungen wird, das kindliche und unselbständige Verhalten beizubehalten. Aus diesem Verständnis der Psychopathologie heraus formuliert EPSTEIN: "Viele Familien brauchen die Krankheit des einen oder anderen Mitgliedes, um das Gleichgewicht aufrecht zu erhalten". Das aber heißt: Wenn die Krankheit des Kindes behoben wird, so geht das Gleichgewicht der Familie verloren. Die Störung der Homöostase kann aber von Eltern als bedrohlich erlebt werden, so daß sie die Zusammenarbeit mit dem Therapeuten aufkündigen.

Diesem Erklärungsansatz entsprechend folgert SOLOMON (1969) aus einer systematischen Analyse von 5 Dropout-Fällen: Ganz allgemein entwickelten Familien Widerstände gegen Veränderungen der intrafamiliären Interaktionsmuster. Der kritische Widerstand sei erreicht, d.h. ein Therapieabbruch erfolge dann, wenn die Therapie eine Veränderung der Vater-Mutter-Beziehung einleite und diese Veränderung von den Eltern als bedrohlich für die Stabilität der Familie erlebt werde. SOLOMON stellt dementsprechend fest, daß eine schwache Elternbeziehung ein entscheidender Indikator für Ausfall sei. EGG (1965) bestätigt diese Beobachtung für die Zusammenarbeit des Therapeuten mit Eltern bei der Therapie geistig behinderter Kinder. Sie meint, die Prognose für die Mitarbeit der Eltern sei ungünstig, wenn die häusliche Atmosphäre zu sehr durch Ehestreit und Spannung bestimmt ist.

Wird das Gleichgewicht einer Familie durch das Training gestört, so geht u.U. eine Stabilität verloren, die mit der
Krankheit des Kindes gewonnen war, und es besteht die Gefahr,
daß Eltern ihre Kooperativität aufgeben, um das familiäre
Gleichgewicht zu erhalten und den sekundären Krankheitsgewinn
zu bewahren.

1.2.3. Eltern werden unkooperativ, wenn die Mitarbeit bei der Therapie des Kindes Unannehmlichkeiten mit sich bringt (Bestrafung Art I)

Bestrafung besteht nicht allein darin, daß Annehmlichkeiten
verloren gehen. Das Training kann Strafen enthalten, die unmittelbar die Mitarbeit der Eltern hemmen, indem es neue
Unannehmlichkeiten schafft. So beobachteten CHEEK et al.
(1971), daß Eltern vom Training fernblieben, weil in einer
Sitzung ethische Gefühle verletzt wurden. Einige Eltern rea-
gierten verwirrt auf einen Film, der die Wirkung verhaltenstherapeutischer Techniken beim Tier zeigte.

Verständlicherweise konnten die Eltern keinen Bezug zwischen
Tierkonditionierung und Elterntraining sehen und blieben dem
Training fern. In derselben Untersuchung beendeten Eltern
die Zusammenarbeit, als sich der Zustand des Kindes verschlech-
terte anstatt sich zu bessern. Diese Eltern wurden bestraft,
ihre ethischen Gefühle verletzt oder ihre Erwartungen ent-
täuscht, und daher wurden sie unkooperativ.

1.2.4. Eltern sind unkooperativ, wenn sozio-ökonomische Ver- hältnisse die Mitarbeit an der Therapie des Kindes hindern

PATTERSON und REID (1970) weisen darauf hin, daß sozio-
ökonomische Bedingungen eine therapeutisch erwünschte Verhaltensänderung von Eltern gegenüber dem verhaltensgestörten
Kind verhindern oder rückgängig machen können. Im vorlie-
genden Fall der Therapie prädelinquenten Verhaltens eines
Jungen beurteilen die Autoren den Langzeiteffekt der Behandlung skeptisch. Es sei möglich, daß der Familienvater

arbeitslos werde und finanzielle Rückschläge wieder eine
Streßsituation schaffen könnten, die dann das therapeutisch
aufgebaute Verhalten der Familienmitglieder unter Depriva-
tion oder Extinktion zu setzen vermöchte. Wahrscheinlich
würden damit die Verstärkungsprogramme wieder fallen gelassen
werden, mit denen die übrigen Familienmitglieder auf das
verhaltensgestörte Kind und die Mutter therapeutisch einwirk-
ten; der schon erreichte Therapieerfolg wäre somit verloren.

Im Zusammenhang mit einer Familientherapie berichten SHELLOW
et al. (1963), daß von 60 Familien zwanzig die Therapie vorzeitig abbrachen. Die Autoren fanden keinen Zusammenhang zwischen der Art der Störung und den Ausfällen. Auch das Alter
des Problemkindes spielte keine Rolle. Die Anzahl der Kinder
jedoch korrelierte mit dem Ausfall. Familien mit einem Kind
blieben im Durchschnitt länger als Familien mit mehreren
Kindern. Paradox erscheint das Ergebnis, daß jene Eltern länger mitarbeiteten, die vom Therapieort weiter entfernt
wohnten.

SALZINGER et al. (1970) untersuchten in der bereits erwähnten
Studie den statistischen Zusammenhang bestimmter familiärer
Variablen mit dem Interesse an einem Trainingsprogramm. 47
Eltern wurden angeschrieben und zur Teilnahme am Programm eingeladen. Die Eltern sollten in jedem Falle - ob sie nun teilnehmen wollten oder nicht - einen Fragebogen zu Familienvariablen beantworten und gleichzeitig ihr Interesse an dem Projekt angeben. 25 Eltern äußerten Interesse, 22 gaben an, an
der Therapie nicht interessiert zu sein. Tabelle 2 zeigt, wie
sich die Personen der interessierten Gruppe im Vergleich zur
nichtinteressierten auf die einzelnen Familienvariablen pro-
zentual verteilen.

Beim Vergleich der interessierten Eltern mit den uninteres-
sierten ergeben sich Tendenzen, die dafür sprechen, daß Alter,
Geschlecht und Stellung der Kinder in der Geschwisterreihe
eine Rolle spielen könnten. Da die Stichproben aber zu klein
waren, sind die Prozentunterschiede nicht signifikant und

Tabelle 2. Familienvariablen und das Interesse der Eltern für eine Teilnahme am Trainingsprogramm (SALZINGER et al., 1970)

Item	Familien, die interessiert sind, am Projekt teilzunehmen	Nichtinteressierte Familien
Anzahl der Eltern, die den Fragebogen beantwortet haben	25	22
Mittleres Alter der Kinder (Jahre)	8	12
Mädchen	56%	28%
Jungen	44%	72%
jüngstes Kind	48%	35%
ältestes Kind	48%	55%
Andere Bezugspersonen im Haushalt als die unmittelbaren Familienmitglieder (Haushälterin, Großeltern % Ja Antworten)	20%	5%
Kind ist hyperaktiv	72%	25% (p = .05 nach Chi^2)
Sonstige Störungen	keine statistisch signifikanten Ergebnisse	

somit als zufällig anzusehen. Ebenso läßt sich die Tendenz nicht statistisch absichern, daß das Interesse bei den Familien größer war, in denen außer den Eltern noch andere Bezugspersonen im Haushalt wohnten.

In derselben Untersuchung weisen SALZINGER et al. (1970) auf die Bedeutung des Bildungsniveaus für die Kooperativität der Eltern hin. SALZINGER et al. unterschieden nochmals zwischen erfolgreichen und nicht erfolgreichen Eltern. Als erfolgreich galten 4 Eltern, deren Mitarbeit zu einer Verhaltensbesserung beim Kind geführt hatte; als nicht erfolgreich wurden 4 Eltern beurteilt, die zwar bis zum Ende mitgearbeitet, aber beim Kind keinen Therapieerfolg erzielt hatten.

Man verglich die erfolgreichen mit den nicht erfolgreichen Eltern hinsichtlich ihres Bildungsniveaus (Dauer der Schulzeit) und ihrer Leistungen in einem Satzergänzungstest. Der Text zur Satzergänzung beschrieb allgemeines Kindverhalten und enthielt Auszüge aus einer Schrift über operantes Lernen.

Der Vergleich führte die Autoren zu folgendem Schluß: Eltern
mit hohem Bildungsniveau und überdurchschnittlich verbalen
Fähigkeiten können in einem Trainingsprogramm, das die didak-
tischen Mittel Lektüre, Vortrag und Diskussion einsetzt,
eher lernen, die Prinzipien der Verhaltensmodifikation anzuwenden als Eltern mit niedrigerer Bildung und geringen verbalen Fähigkeiten. Die Autoren vermuten, daß dieses Ergebnis
anders ausfallen würde, wenn das Training mit aktuellen
Demonstrationen und mit direkter individueller Übung statt-
gefunden hätte.

BRANDT (1967) führte an zwölf Westberliner Erziehungsberatungs-
stellen eine Fragebogenuntersuchung durch und stellte fest,
daß 63% der berufstätigen Mütter die Beratung vorzeitig aufgaben, bei den nicht berufstätigen Müttern waren es 10%
weniger. Im "Zweiten Familienbericht der Bundesregierung"
wird festgestellt: "Ergebnisse über die Klientel von Erzie-
hungs- wie auch Ehe- und Familienberatungsstellen ergeben
in der Regel eine überproportionale Inanspruchnahme durch
die Angehörigen der mittleren und oberen und eine unterpro-
portionale Inanspruchnahme durch Angehörige der unteren So-
zialschichten" (Familienbericht, 1975, S. 117). Uns scheint
dies weniger für eine Uninformiertheit der Unterschicht zu
sprechen, sondern eher ein Indiz dafür zu sein, daß schichten-
spezifische Faktoren bzw. der Arbeitsstil der Beratungsstel-
len den therapeutischen Einsatz von Eltern beeinflussen, wobei
untere Schichten benachteiligt werden und unkooperativ erscheinen.

1.2.5. Andere Faktoren, die Kooperativität der Eltern bei der Therapie des Kindes bestimmt haben

In der Untersuchung von CHEEK et al. (1971) fiel ein Elternpaar aus, weil ein Familienmitglied erkrankte.

SALZINGER et al. (1970) stellten in der bereits zitierten
Arbeit nur eine Variable fest, die zwischen interessierten
und nicht interessierten Eltern differenzierte: Eltern, die

eine Überaktivität ihres Kindes beklagten, meldeten sich häufiger freiwillig zur Teilnahme an der Therapie.

Die Autoren weisen in einer Anmerkung daraufhin, daß man nicht
wisse, ob tatsächlich das Kindverhalten die interessierte von
der nicht interessierten Gruppe trenne. Primäre Ursache könnte
auch eine unterschiedliche Toleranz der Eltern gegenüber verschiedenen Verhaltenseigenarten des Kindes sein, d.h. der
Leidensdruck, den die Eltern verspüren, ist unterschiedlich.

In der erwähnten Untersuchung von BRANDT (1967) ergibt sich
für den Bereich der Erziehungsberatung, daß "Selbstmelder" die
Beratung seltener abbrechen als Eltern, die von anderen Institutionen überwiesen wurden.

*Zusammenfassung der Literaturübersicht über Erklärung und
Anlässe für Unkooperativität von Eltern bei der Therapie
ihres Kindes*

I. Allgemeine Erklärungen oder Indikatoren für Unkooperativität
   1. Verlust positiver Verstärker, Verlust von Annehmlich-
      keiten (z.B. Verlust von Freizeit)
   2. Verlust von sekundärem Krankheitsgewinn, Störung des
      familiären Gleichgewichts (z.B. Bedrohung der Stabili-
      tät der Ehe)
   3. Bestrafung (z.B. Verletzung ethischer Gefühle)
   4. Sozio-ökonomische Hindernisse (z.B. niedriges Bildungs-
      niveau)
   5. Unangemessene Therapiemethoden (z.B. rein verbal-
      theoretische Unterrichtung bei ungebildeten Eltern)
   6. Persönliche Gründe

II. Spezifische Anlässe oder Indikatoren für Unkooperativität
   1. Therapiestunden zu einem für die Eltern ungünstigen
      Termin
   2. Ehestreit und familiäre Spannungen
   3. Verletzung ethischer Gefühle bei der filmischen De-
      monstration der Wirkung verhaltenstherapeutischer
      Techniken am Beispiel der Tierkonditionierung

4. Zunahme der kindlichen Verhaltensstörung während der
   Behandlung
5. Finanzielle Nöte der Familie
6. Größere Kinderzahl der Familie
7. Niedriges Bildungsniveau der Eltern
8. Berufstätigkeit der Mutter
9. Niedere soziale Schichtzugehörigkeit
10. Unfreiwillige Teilnahme an der Behandlung
11. Akademischer Unterrichtsstil bei der Elternschulung
12. Erkrankung eines Familienmitgliedes

Anmerkung

Die einzelnen Variablen erklären nicht, wieso Eltern unkooperativ werden. Solange dazu Untersuchungen fehlen, müssen wir
die Variablen als Indikatoren verstehen. Sie sollten die Aufmerksamkeit des Therapeuten darauf lenken, daß die Kooperativität der Eltern gefährdet sein kann, wenn eine der Variablen gegeben ist. Für den Trainer muß eine kooperativitätswidrige Variable Aufforderung sein, sich um die Kooperativität
der Eltern besonders zu bemühen.

Kritik an der bisherigen Analyse der Unkooperativität von
Eltern bei der Therapie ist angebracht. Trotz der Dringlich-
keit des Problems gibt es nur wenige systematische Untersuchungen (SOLOMON, 1969; SALZINGER, 1970). Erklärungen finden
sich meist in Nebensätzen und gründen auf zufälligen Beobachtungen (CHEEK et al., 1971; EGG, 1965; PATTERSON, 1971).
SOLOMON, der unseres Wissens als einziger das Problem der
Ausfälle thematisiert hat, stützt sein Urteil auf fünf Fälle;
dies ist eine zu kleine Zahl, als daß allgemeine Aussagen gemacht werden könnten. Da bisher jeder systematische Ansatz
zur Untersuchung der Kooperativitätsfrage fehlt, ist zunächst
eine grundsätzliche Beschreibung, eine Phänomenologie des
Problemfeldes notwendig.

1.3. Phänomenologie des Problemfeldes

1.3.1. Unkooperativität als Reaktion der Eltern auf besondere Belastungen durch die Methode des Trainings

Bevor wir einige Aspekte des Elterntrainings allgemein beschreiben, soll auf die große Vielfalt hingewiesen werden,
die gerade diese pädagogisch-therapeutische Methode auszeich-
net. Die Grundformel lautet zwar für alle Trainings gleich:
'Änderung des Kindes durch Änderung der Eltern', aber Richtung
und Ausmaß der Veränderung sind von Fall zu Fall wesentlich
verschieden. Verschieden sind auch die Techniken, die eingesetzt werden, um die Lernziele zu erreichen, und zwar verschieden von Trainer zu Trainer und von Familie zu Familie.
Selten dürfte eine Therapiemethode so stark davon abhängig
sein, ob es gelingt, die Maßnahmen auf die Art der Störung,
die Eigenheiten der Eltern, auf das Familienmilieu, kurz auf
die individuellen Bedingungen des Klienten abzustimmen und
sie ihnen anzupassen.

Trotzdem läßt sich eine gemeinsame Grundstruktur erkennen,
und diese wollen wir kurz darstellen, um ein besseres Verständnis des Problems zu ermöglichen.

Ein vollständiges Verhaltenstraining ist ein diagnostisch-
therapeutischer Prozeß, der sich meist über mehrere Wochen
oder Monate hinzieht. Es lassen sich dabei drei getrennte
Aufgabenbereiche unterscheiden, die wir hier aus pragmatischen Gründen als drei Phasen darstellen:
1. die Vorbereitungsphase mit dem Schwerpunkt auf der Informationssammlung und Informationsanalyse,
2. die Trainingsphase als Kern der Verhaltensänderung und
3. die Phase der Nachbetreuung mit der Aufgabe, das veränderte Verhalten zu stabilisieren und auf andere Bereiche
   zu übertragen.

Schema 2. Schematische Darstellung des zeitlichen Ablaufes eines Trainings

Vorbereitung (Phase der Diagnostik und der Planung)	Durchführung (Therapeutische Phase, Beratung, Übung)	Nachbetreuung (Kontrollphase und Generalisierungsarbeit)

Vorbereitung (Phase der Diagnostik und der Planung)

- erste Kontaktaufnahme
- Sammlung der Information
- Analyse des Datenmaterials und Diagnose

Durchführung (Therapeutische Phase, Beratung, Übung)

- Erarbeitung eines Therapie- und Trainingskonzeptes
- Festlegung der kritischen Verhaltensvariablen und Operationalisierung der Verhaltensklassen und der funktional zugehörigen Bedingungen
- Gemeinsame Entscheidung (Eltern-Trainer) über Inhalt und Ausmaß sowie über Methoden des Trainings
- Festlegung eines Zeit- und Organisationsplanes
- Durchführung einer systematischen Verhaltensbeobachtung zur Methodenkontrolle

  - Änderung des Verhaltens der Eltern gegenüber ihrem Kind
  - u.U. Änderung von Bedingungen, die das Fehlverhalten der Eltern gegenüber dem Kind fördern

    - Kontrollen: Erreichung des Erfolgskriteriums und Einsatz der Eltern ohne unmittelbare Kontrolle durch den Trainer
    - Wiederholung der systematischen Verhaltensbeobachtung zur Methodenkontrolle

Nachbetreuung (Kontrollphase und Generalisierungsarbeit)

    - Einsatz spezieller Maßnahmen, um die Generalisation des Trainingseffektes über
      1. die Zeit
      2. die verschiedenen Situationen
      3. die verschiedenen Personen und
      4. die verschiedenen Probleme zu gewährleisten
    - weitere Beratung
    - Ende des Kontaktes zwischen Eltern und Trainer

1. *Kooperation während der Vorbereitungsphase*

Die Stationen der Vorbereitungsphase sind: erste Kontaktaufnahme, Anamnese der Eltern und anderer Beziehungspersonen
des Kindes, Tests, Hausbesuch, Durchführung von Beobachtungsstunden, Gespräch über die Therapieziele. Sie lassen schon
erkennen, daß hier von den Eltern an zeitlicher Belastung viel
verlangt wird, ohne daß sie unmittelbar (kontingent) verstärkt werden können. Hat nun eine Mutter noch ein Kleinkind,
das ständig Betreuung braucht, ist sie halbtags oder ganztags berufstätig, oder hat sie einen großen Haushalt zu versorgen, so können die Aktivitäten der Vorbereitungsphase
zu einer unzumutbaren Mehrbelastung führen.

Besonders belastend sind die Beobachtungsstunden. Das störende Verhalten des Kindes zwingt die Eltern, sich zu expo-
nieren. Sie können in den Beobachtungsstunden, in denen
sie mit dem Kind in kritischen Situationen interagieren, weder
in die Passivität flüchten, noch können sie sich hinter un-
verbindlichen Formulierungen verstecken.

Mit der Vorbereitungsphase sind für die Eltern häufig verschiedene Strafereignisse verknüpft.

Indem die Eltern in den Informationsgesprächen über die Probleme der Familie sprechen, schildern sie auch ihr erzieherisches Versagen - das liegt in der Natur der Sache. Der
Interviewer bringt sie dazu, über Probleme zu sprechen,
denen sie sich möglicherweise selbst nicht bewußt sind.

Viele Eltern scheuen sich davor, Fremden Einblick in die persönlichen Belange der Familie zu geben. Sie empfinden es als
beschämend, familiäre Probleme zuzugeben oder beim Hausbesuch
den Beobachter durchs Haus zu führen, wohl wissend, daß er
mit kritischen Augen die Wohnung, Einrichtung usw. betrachtet;
dabei wirkt die Unkenntnis von seinen Beurteilungskriterien
noch zusätzlich verunsichernd.

Wo aber die Informationssammlung zu einer erheblichen zusätzlichen Belastung der Eltern führt, müssen wir parallel dazu

ein Anwachsen der Erziehungsschwierigkeiten annehmen, weil
der Erzieher in der Streßsituation weniger flexibel reagiert
und weniger fähig ist, auf das Kind in positiver Weise einzugehen oder ihm wirksam zu helfen: dies alles sind Gründe,
die Störverhalten beim Kind wahrscheinlicher machen. In dieser Situation müssen es die Eltern besonders frustrierend
erleben, wenn das Trainingsteam nur Fragen stellt und beobachtet, ohne helfend einzugreifen, wobei die Eltern häufig
nicht einmal ausreichend darüber aufgeklärt werden, was der
Beobachter beobachtet hat, wie er die Situation beurteilt,
was er mit seinen Informationen anzufangen gedenkt. Diese Unsicherheit macht die Eltern ängstlich und hilflos. Es hängt
natürlich entscheidend von der Art der Durchführung ab, in
welchem Ausmaß diese Phase von den Eltern als Belastung und
Strafsituation erlebt wird, wobei man eine Wechselwirkung
zwischen Verhalten der Eltern und Verhalten des Trainingsteams annehmen muß. Je länger diese Phase dauert, desto wahrscheinlicher wird es, daß die Eltern das Training in der
Vorbereitungsphase abbrechen.

2. *Kooperation während der Trainingsphase*
Im Training müssen die Eltern vor allem die Kritik verkraften,
der sie ausgesetzt sind. Der Trainer konfrontiert sie mit
ihrem fehlerhaften Verhalten. Trotz der Erklärung, daß weder
angeklagt noch ein Schuldiger gefunden werden solle, fühlen
sich Eltern durch den Hinweis brüskiert, eine Veränderung
ihres Verhaltens könne die Probleme entschärfen oder lösen.

Im Münchner-Trainingsmodell (INNERHOFER, 1976) ist vorgesehen,
mit den Eltern nicht über ihr Fehlverhalten zu sprechen,
sondern sie das Fehlverhalten spielen zu lassen und es ihnen
anschließend im Bild zu zeigen, wobei eine für diesen Zweck
konstruierte Beobachtungsmethode dafür sorgen soll, daß die
Eltern die entscheidenden Momente registrieren. Wir haben
Mütter erlebt, die beim Anschauen dieser Bilder in Tränen aus-
brachen oder begannen, sich anzuklagen.

Für Mütter ist die Erziehung ihrer Kinder häufig der Inhalt
ihres Lebens, und sie lieben ihre Kinder; die Erfahrung, dabei

versag zu haben, wenn auch nur in Teilbereichen oder unver-
meidbarerweise, müssen sie als das Infragestellen ihrer Lebens-
arbeit erleben. Bestrafung aber lähmt, macht rechthaberisch
und unehrlich, und sie führt zu Vermeidungs- und Fluchtver-
halten; im Training führt sie zu Unkooperativität.

Ein weiteres Moment der Kooperation ist der Inhalt des Trainings, das Ausmaß der Lernprozesse, die von den Eltern erwartet werden. Das einfache theoretische Konzept der Verhaltenstherapie läßt glauben, Verhaltenstherapie sei schnell
und leicht erlernbar. Natürlich kann man die Ansprüche gra-
duell variieren, aber auch schon das Erlernen einiger weniger
Verhaltensmuster, die ganz auf das eigene Kind oder auf ein
bestimmtes Problem bezogen werden, setzt einen relativ kompli-
zierten Lernprozeß voraus. Das nachfolgende Schema 3 soll
uns einen Überblick über die Lernaktivität in einem Training
geben.

Das intellektuelle Potential, das die Eltern mitbringen, ist
so weit gestreut wie die Intelligenz. Es ist verständlich,
daß vor allem Eltern der Unterschicht, die meist nur über
Volksschulbildung verfügen, sich leicht überfordert fühlen.
Überforderung stellt eine andere Form der Strafe dar, die
zur Vermeidung des Trainings führen kann, und zudem blockiert
sie den Lernprozeß, sodaß das Training sinnlos wird.

Aber es ist nicht nur die intellektuelle Überforderung, die
im Training aufkommen kann. Auch die hierzu erforderliche
Konzentration kann zum Problem werden.
Andere Eltern wiederum sind in praktischen Dingen sehr unge-
schickt, oder die unerwünschten Verhaltensmuster sind zu so
festen Gewohnheiten geworden, daß die Eltern immer wieder in
sie zurückfallen. Andererseits trifft ein Training, in dem
es auf die praktische Durchführung erzieherischen Handelns an-
kommt und das das Theoriewissen vernachlässigt, bei solchen
Eltern auf Widerstand, die gern alles "akademisch" bereden
möchten, deren Problem aber gerade die Umsetzung theoretischen
Wissens in Handlung ist. Sie sind voll guter Vorsätze, fürch-

Schema 3. Variablen der Durchführung des Trainings

Prinzipien und Techniken (unabhängige Trainingsvariable I) \ Lernziele für die Eltern (abhängige Variablen)	Problembewußtsein	Verstehen des Verhaltens des Kindes	Verstehen des Verhaltens der Eltern	Die Fertigkeit des pädagogischen Ausblendens von Konsequenzen	Die Fertigkeit der Anwendung des Gesetzes vom Schrittlernen	u.a.
	Situationsgestaltung und Lernmedien (unabhängige Variablen II)					
Positive Verstärkung: - soziale Belohnung - materielle Belohnung - Münz-Verstärkungssystem - Verstärkung nach "Premack-Prinzip" Bestrafung und Vermeidungslernen Löschung und Unterdrückung Diskriminatives Lernen	Darstellung von Problemsituationen und genaue Beschreibung	Erklärung der Lernprinzipien Darlegung von Experimenten oder Fallstudien Systematische Beobachtung von Verhaltens- u. Umweltereignissen u. Darstellung der zusammenhänge	Besprechung von Prozessen, die während des Trainings abgelaufen und von allen direkt erfahren werden Besprechen von persönlichen Erlebnissen, die die Eltern berichten	Eine Mutter macht es der anderen vor Der Trainer macht es vor, die Eltern machen es nach Übung im Rollenspiel oder in der Life-Situation Übung mit Hilfestellung	Besprechung einer Reihe von Lernaufgaben und Konzeption einer Lernreihe Darstellung von Beispielen, in denen durch zuvorkommende Hilfe Problemereignisse vermieden werden	

verbale Kontrolle: - Instruktionen - Abmachungen - Verhaltensregeln	Beobachten von Problemereignissen bei fremden Familien	Vermitteln von Erfahrungen durch gezieltes Eingreifen in Rollenspielen	Gemeinsame Auswertung von Filmmaterial über Problemereignisse	Übung in Kombination mit Videofeedback	Aufzeigen verschiedener methoden, einen großen Lernschritt in eine Reihe kleinere Lernschritte aufzuteilen
Modellernen	Darstellung der Problemereignisse durch den Trainer oder Therapeuten	Experimentelle Spiele, in denen Lerngesetze zur Selbsterfahrung werden	Auftrag an die Eltern, die Lernprinzipien anderen zu erklären und die Kenntnisse zu vermitteln	Übung mit unmittelbarem Feedback über Walky-Talky oder durch unmittelbare verbale Instruktionen	Aufstellen von Erzieherregeln, in denen verlangt wird, daß die Anforderungen dem Niveau des Kindes angepaßt werden und nur ein Schritt auf einmal verlangt wird
Übung und Lernen durch Lehren					Diskussion, um unrealistische Erwartungen der Eltern abzubauen

ten aber die "Blamage", im Handeln zu versagen, sie verkrampfen sich, fühlen sich überfordert und werden unkooperativ.

Ein weiteres zentrales Problem sind <u>ungünstige Einstellungen gegenüber einzelnen Techniken oder der Gesamtkonzeption des Trainings</u>. Viele Eltern können nicht verstehen, daß Strafe kein gutes Erziehungsmittel ist; andere wiederum können materielle Belohnungen nicht akzeptieren, die ein besonders schwer motivierbares Kind zum Arbeiten bringen sollen; wiederum andere wollen dem Kind nicht klar sagen, was sie von ihm erwarten, aus Scheu, autoritär zu wirken. Die wohl ungünstigste Einstellung ist die Resignation: "Wir haben alles versucht, und es nützt alles nichts." Diese Resignation, die mitunter auch die Form annehmen kann: 'Ich mache ohnehin alles falsch', legt sich oft bleiern auf ein Training.

3. Kooperation in der Nachbetreuungsphase
Die Kooperation in der Nachbetreuungsphase ist nicht minder wichtig als die Kooperation in den Phasen vorher. Jetzt erst wird der Erfolg gesichert.

Man erwartet meist nicht, daß das Training allein einen hinreichenden Generalisationseffekt garantiert. Ähnlich wie das Training selbst wird daher auch die Generalisation über eine Reihe von Maßnahmen zu erreichen gesucht. Diese Maßnahmen kann man zusammenfassen zum Programm der Nachbetreuung.

Man kann vier Arten von Generalisationseffekten unterscheiden:
1. Die Stabilisierung des Trainingsergebnisses über die Zeit des Trainings hinaus (dies ist meist erreicht, wenn das Training direkt in der kritischen Umgebung durchgeführt wird);
2. die Durchführung der Fertigkeiten in verschiedene situativen Bedingungen (beispielsweise, wenn das Training im Labor durchgeführt worden ist und nun in die Heimsituation übertragen werden soll);
3. die Übertragung des Gelernten von einem Problemereignis auf ein anderes (das wird gefordert, wenn das Training aus Zeitmangel oder aus anderen Gründen nur bei einer Auswahl

von Problemereignissen durchgeführt werden konnte); und

4. die Übertragung der Kenntnisse von einem Kind auf ein
   anderes (dieser seltener geforderte Generalisationseffekt
   ist günstig, wenn mehrere Kinder Auffälligkeiten zeigen
   bzw. die Problemereignisse in der Gruppe auftreten).

Nur wenn der Transfer wenigstens auf einer dieser verschiedenen Ebenen geleistet wird, hat das Training einen Erfolg,
der den Aufwand rechtfertigt.

Die Generalisation wird somit als ein multivariater Prozeß
angesehen mit den verschiedenen Transfereffekten als abhängige
Variablengruppen und den therapeutischen Maßnahmen, die teils
vorbeugend (z.B. Aufstellung eines Stufenplanes), teils unmittelbar bei auftretenden Problemen als unabhängige Variable
eingesetzt werden (z.B. laufende Kontrollen mit Feedback).

Im Schema 4 werden die wichtigsten unabhängigen Variablen,
die Lernprinzipien und Techniken sowie die Situationsge-
staltung und Lernmedien dargestellt.

Das zentrale Problem dieser Phase besteht darin, sich über
lange Zeit hinweg kontrolliert zu verhalten. Wie können wir
den Vater unterstützen, der einerseits einsieht, daß er sich
mehr um seine Kinder kümmern und seine Frau in der Erziehung
der Kinder entlasten sollte, andererseits aber zugibt, keinen
Spaß am Umgang mit Kindern und ohnedies viel zu tun zu haben?
Wie sollen wir einer Mutter helfen, die unter der Super-
vision des Trainers in der Konfliktsituation geschickt und
konsequent agiert, aber meint, zu Hause lasse sie sich 'immer
wieder gehen'? In diesem Abschnitt des Trainings verhalten
sich viele Trainer nicht anders als die Mönche in alten Zeiten,
die ihren Beichtkindern den Rat gaben, auf Gott zu vertrauen
und zu beten. Das soll nicht als hochmütige Äußerung verstanden werden, denn wir rechnen uns selber zu diesen Trainern.
Es ist natürlich sehr enttäuschend, wenn man während zwei
Dritteln des Trainings versucht, geplant und kontrolliert nach
Lernprinzipien vorzugehen, und man sich plötzlich gezwungen
sieht, den Erfolg dem Zufall zu überlassen.

Schema 4. Schema der Variablen der Nachbetreuung

Angestrebte Generalisationseffekte (abhängige Generalisation zu erreichen (unabhängige Variablen I) ⟍ Prinzipien, um die Generalisation zu erreichen (unabhängige Variablen I)	Zeit: Generalisation von Zeit des Trainings auf Zeit nach dem Training	Situation: Generalisation von Trainingssituation auf Situation außerhalb des Trainings	Problemereignisse: Generalisation von im Training behandelten Ereignissen auf neu auftretende oder veränderte Ereignisse	Kind: Generalisation vom Kind, an dem geübt wurde, auf Kind, an dem nicht geübt wurde
Situationsgestaltung und Lernmedien (Unabhängige Variablen II)				
Änderung der Bedingungen u. Ereignisse im natürlichen Milieu, die das unerwünschte Verhalten ausgebildet und aufrecht erhalten haben	Änderung der dringlichen Umwelt des Kindes: z.B. Einrichtung eines Kinderzimmers mit einem Arbeitstisch, räumliche Umgestaltung des Klassenzimmers, Einbeziehung der wichtigsten Bezugspersonen des Kindes in das Training: Eltern, Lehrer, Heimerzieher			
Kognitives Lernen	Den Eltern wird ein Manual zum Durcharbeiten gegeben. Durch die Vorgabe von Problemen, die theoretisch gelöst werden müssen, bekommen die Eltern Kontrolle über ihren Wissensstand			
Praktische Übung in natürlicher oder imitierter Situation	Training in der Alltagssituation oder in der imitierten Alltagssituation durch das Rollenspiel			
Redundanz in der Informationsübermittlung und "Überlernen"	Problemereignisse werden wiederholt über Video oder Rollenspiel vor Augen geführt, wiederholt durchgesprochen und wiederholt das erwünschte Erzieherverhalten eingeübt, Wiederholung in ähnlicher Problemsituation			

Verbale Kontrolle	Aufstellung eines Stufenplanes, der entsprechend der Entwicklung des Kindes den Eltern differenzierte Instruktionen gibt. Das Verhalten, das die Eltern an sich selbst ändern sollen, wird in Form von Verhaltens- regeln fixiert
Kontrolle	Das Einhalten der Regeln wird in regelmäßigen Abständen kontrolliert: Besuche, Elternsprechstunden, regelmäßig abzuliefernde Kontrollblätter, telefonische Nachfragen
Aufbau selbstver- stärkender Systeme	Da die stärkste Belohnung für die Eltern der Fortschritt des Kindes ist und dies die Kooperation mit dem Therapeuten und den Einsatz des Kindes fördern kann, soll durch Therapieanbahnung im Labor durch den Thera- peuten das Erfolgserlebnis zuhause erleichtert werden
Einführung eines Rück- meldesystems und sozi- ale Belohnung	Durch das Einbeziehen beider Elternteile in das Training soll es zu einer gegenseitigen Verstärkung für erwünschtes Erziehungsverhalten kommen
	Es werden Elterngruppen gebildet, die sich regelmäßig treffen und auf- tretende Erziehungsprobleme besprechen. Erfahrungen werden ausgetauscht. Die Einbettung der Auseinandersetzung und die Erziehung in ein gesell- schaftliches Ereignis soll sozial belohnende Funktion haben

Versuchen wird das, was von den Eltern in diesem Abschnitt
des Trainings verlangt wird, uns noch etwas genauer zu verdeutlichen.

Beispiel 1

Von einer Mutter eines geistig behinderten Kindes wird verlangt, sie solle das Kind nicht anziehen, sondern über eine
Reihe von Hilfestellungen, die genau aufgeführt und im Training eingeübt worden sind, dem Kind helfen, sich allein anzu-
ziehen (WATSON, 1972). Zieht sie es selber an, benötigt sie
fünf bis zehn Minuten; führt sie das pädagogische Programm
durch, braucht sie u.U. eine Stunde und mehr. Das Handeln der
Mutter wird von einer Reihe ganz trivialer äußerer Bedingungen abhängen: Sind noch andere Kinder da, die sie in dieser
Zeit versorgen muß? Wie oft wird sie durch andere Ereignisse
(Telefon, Postbote usw.) gestört? Kann sie sich leicht eine
Stunde mit dem behinderten Kind zusammenhängend beschäftigen,
ohne andere Verpflichtungen zu vernachlässigen? Und nicht
zuletzt: Wird sie die Geduld aufbringen? Wie belohnend ist
das Kind für die Mutter? Macht es sichtbare Fortschritte?

Beispiel 2

Eltern werden angeleitet, das Kind zur Selbständigkeit zu erziehen. Das pädagogische Programm sieht unter anderem vor,
daß das Kind selbst bestimmen darf, was es anziehen, wieviel
es essen, womit es spielen will. Dies wird vermutlich überfürsorglichen Eltern zum Problem, die ein Kind haben, das
durch provokative Gesten die Eltern stets auf Trapp hält. Das
Programm fordert von den Eltern eine Selbstkontrolle über
den ganzen Tag, und es wird in vielen Fällen nur dann erfolgreich sein, wenn die Eltern die Anweisungen strikt und konsequent beachten. Dem steht aber ein Gewohnheitsverhalten
gegenüber, das im Laufe der Jahre zu einem stereotypen Muster
geworden ist, das reflexartig abläuft wie eine konditionierte
Kette.

Auch in diesem Beispiel können die äußeren Bedingungen aus-
schlaggebend sein: Ist die Wohnung klein oder ungünstig struk-
turiert? Stehen die Eltern unter Streß? Sind sie viel mit dem

Kind zusammen? Unterstützen sie sich gegenseitig oder behindern sie sich? Zeigen sich rasche Anfangserfolge? Ist ein
Teil der Energie der Eltern durch starke Partnerprobleme gebunden?

Beispiel 3
Die Mutter eines verhaltensgestörten Mädchens lernte im
Training, bei der Hausaufgabe die kleinsten richtigen Leistungen anzuerkennen und so dem Kind den Spaß an der Hausaufgabe zurückzugeben. Sie hatte auch gelernt, das Kind nicht
ständig zu bedrängen und auf seine relativ schlechten Leistungen hinzuweisen. Tatsächlich erreichte es die Mutter, daß
ihr Kind die Hausaufgabe in einer dreiviertel Stunde be-
wältigte, für die es zuvor bis drei Stunden benötigt hatte
und dies nur unter ständigen Auseinandersetzungen mit der
Mutter.

Den Erfolg bei der Hausaufgabe teilte die Mutter der Lehrerin
schriftlich mit. Die Lehrerin lachte auf, als sie die Mit-
teilung las und forderte die Klasse auf herzuhören: "Hört mal,
für die kleine Hausaufgabe hat Gabi gestern eine dreiviertel
Stunde gebraucht!" Die Klasse brach in Gelächter aus, denn
der Durchschnitt der Schüler hatte die Aufgabe in einem Bruch-
teil der Zeit geschafft.
Das Kind kehrte aggressiv heim. Wieder blockierte es völlig
bei der Hausaufgabe. Die Mutter sah ihre Anstrengungen durch
ein Lehrerwort zunichte gemacht. Sie zweifelte an dem Sinn
ihrer Bemühungen, da sie die Schule nicht ändern könne.

Hier stellen unkooperative Institutionen, die außer den Eltern
das Verhalten des Kindes bestimmen, die therapeutischen Bemühungen der Eltern in Frage. Es kann auch der Kindergarten
sein, der das Fehlverhalten, das das Kind verlernen sollte,
verstärkt. Es können feindselige Nachbarn oder kinderfeind-
liche Hausordnungen sein, die den Eltern ein kontrolliertes
Eingehen auf das Kind unmöglich machen.

Es müssen auch Fragen gestellt werden wie: Kann der Vater
seine Aggressivität gegenüber den Kindern abbauen, solange er

arbeitslos ist? Kann jede Mutter soviel Selbstkontrolle aufbringen, um geduldig mit dem behinderten Kind umzugehen, wenn
sie der Tod des Mannes, hohe Schulden oder Gerichtsverhand-
lungen belasten? Wie können wir in diesen Fällen die Kooperativität der Eltern gewinnen?

Diese Beispiele mögen genügen, um die Problematik sichtbar zu
machen und darzulegen, daß eine lange Kette individueller
Randbedingungen entscheidend das Ergebnis bestimmt, ob Trai-
ningserfolge stabil generalisieren, ob Eltern weiterführen,
was sie im Training gelernt haben.

1.3.2. Unkooperativität der Eltern als Reaktion auf Unkoope-
rativität des Therapeuten

Die Darstellung wäre unvollständig und teilweise unverständ-
lich, wenn wir nur von der Kooperativität der Eltern, aber
nicht der des Therapeuten sprechen würden. Das Scheitern eines
Trainings kann mit derselben Berechtigung auf mangelnde Mitarbeit der Eltern als auch des Trainingsteams zurückgeführt
werden. Durch seine mangelnde Sensibilität für die Problem-
lage der Familie, für Verletzungen, durch seine mangelnde
Phantasie bei der Anpassung der Maßnahmen an die individuellen
Gegebenheiten der Familie verhindert es die erfolgreiche Zusammenarbeit. Wir wollen daher noch kurz auf die Kooperativität des Therapeuten eingehen.

1. Kooperativität bei der Planung

Die Zusammenarbeit mit Eltern bedarf besonders sorgfältiger
Planung und Organisation. Durch den großen Arbeitsanfall in
der Vorbereitungsphase und dem dadurch entstehenden Zeitdruck
werden Teilaspekte oft nur oberflächlich behandelt. Es entstehen Informationslücken, die leicht mehr oder weniger schwer-
wiegende Fehlentscheidungen verursachen.

Organisation und Planung sind wesentlich, aber sie verlangen
eine Arbeit, die für einen Therapeuten lästig sein kann:
Termine müssen vereinbart werden, Briefe diktiert und Telefo-
nate erledigt werden, die Technik der Videoanlage ist zu

überprüfen, Filmmaterial bereitzustellen, das Personal muß
ausgebildet und instruiert werden; der Trainer muß ebenfalls
darauf achten, daß zu Trainingsbeginn der Raum hergerichtet
ist und Kaffee und Gebäck für die Eltern bereitsteht. Es ist
verständlich, daß sich nicht jeder Therapeut begeistert um
all den "Kleinkram" kümmert, aber er vermeidet dadurch Ver-
ärgerung der Eltern und ihre Unkooperativität.

Wenn der Therapeut den ersten Kontakt mit den Eltern aufnimmt,
weiß er wenig von den Eltern. Die Unbekanntheit der Eltern
und ihres Milieus erhöht die Gefahr, daß wir Fehler begehen,
ins "Fettnäpfchen" treten: man irrt sich im Namen, verwechselt
die Vornamen der Kinder, spricht Themen an, die stark angst-
beladen sind, man spürt die starke Gespanntheit der Mutter im
Interview und weiß noch nicht, daß sie unruhig ist, weil die
Ehe stark belastet ist. Ein Therapeut, der den Eltern unter
Zeitdruck begegnet, ist weniger konzentriert und ungeduldiger,
er kann sich nicht ganz auf die Eltern einstellen und begeht
leichter Fehler. Damit wirkt er bestrafend auf die Eltern und
hemmt ihre Mitarbeit.

2. Kooperativität bei der Durchführung des Trainings
Fehlentscheidungen des Therapeuten können die Eltern verärgern. Zwischen der Information und der Datenanalyse auf der
einen Seite und den Therapieentscheidungen auf der anderen
besteht kein notwendiger Zusammenhang. Der Therapeut muß
unterschiedlichste Informationen auswerten und zusammenfassen,
Arbeitshypothesen formulieren und diese in praktische Thera-
pieschritte umsetzen. Das Ausmaß der Fehlentscheidungen, die
er dabei trifft, hängt davon ab, wie intensiv er sich mit der
Familie beschäftigen konnte und wie gut er sich in die Familie
"hineindenken" kann. Dabei spielen Erfahrung, Schichtzugehörigkeit, Begabung und Engagement neben anderen Therapeuten-
variablen eine große Rolle.

Der Trainer kann durch sein Beispiel motivieren oder ab-
schrecken. Der Trainer muß im Training immer wieder Selbstkontrolle üben. Andererseits darf er nicht zur berechnenden
"Reaktionsmaschine" werden, vielmehr kommt ihm seine spon-

tane Natürlichkeit zugute, wenn er mit Ideen und eigenem
Modellverhalten Eltern phantasievoll überzeugen will. Sein
natürliches Vorbild kann die Eltern stark motivieren mit-
und nachzumachen.

Gerade in dem Trainingsabschnitt, in dem Lösungen für die konkreten Familienprobleme erarbeitet und eingeübt werden sollen,
ist höchste Konzentration und viel Phantasie des Therapeuten
notwendig. Der Therapeut, der ausgeruht ins Training geht und
selbst nicht von persönlichen Problemen belastet ist, wird
konzentrierter arbeiten können als der ermüdete oder von eigenen Existenzproblem abgelenkte Therapeut. Der Psychologe,
der viel Erfahrung im Umgang mit Kindern hat und der in der
eigenen Familie Erfahrungen sammeln konnte, wird leichter
erzieherische Einfälle haben, d.h. sich eher phantasievoll
den Eigenheiten einer erzieherischen Situation in der Familie
anpassen können und damit überzeugende Lösungen finden als
jener Psychologe, der bislang kaum mit Kindern zu tun hatte.

Nicht alle Trainer sind pädagogisch gleich begabt. Dem einen
z.B. fällt es leicht, selbst Lösungen zu erkennen, ein anderer
versteht es besser die Eltern selbst auf Ideen kommen zu
lassen, einem dritten fällt die Analyse eines Problems sehr
leicht, während ihm Ideen zu seiner Lösung nur schwer kommen.
Ob nun Begabung bzw. das Defizit des Therapeuten motivierend
oder kooperativitätshemmend wirken, hängt u.a. von der Begabung bzw. dem Defizit der Eltern ab. Eltern, die selbst erzieherisch phantasievoll sind, fühlen sich vielleicht von
einem ebenso phantasievollen Trainer bevormundet. Sie würden
einen Therapeuten bevorzugen, der die Analyse ausgezeichnet
vermittelt, aber das Finden der erzieherischen Lösung den
Eltern überläßt, so daß sie tatsächlich Mitarbeiter und nicht
nur Belehrte sind und darin Selbstbestätigung finden. Es
spielt ebenso eine Rolle in welchem Ausmaß der Trainer die
Eltern als selbständige Mitarbeiter akzeptiert; wie weit er
für sich die überlegene Rolle des Experten beansprucht; wie
gut es ihm gelingt, die emotionale Belastung zu ertragen;
wie sensitiv er für die aktuelle Belastbarkeit und Ängstlich-
keit der Eltern ist und die Eltern dementsprechend zu stützen

oder zu fordern vermag: das alles sind Variablen des Therapeuten, die die Kooperativität bestimmen.

Der Therapeut verteilt seine Aufmerksamkeit nicht immer "ge-
recht" auf die Mütter der Gruppe. Er soll ungezwungen sein,
er darf aber auch nicht die Kontrolle über das Training verlieren. Daher darf er nicht zufälligen Verstärkungsmechanismen
zum Opfer fallen. An einer Trainingsgruppe nehmen ganz unterschiedlich veranlagte Mütter teil und oft ist ihm eine sympa-
thischer als eine andere. Die eine verstärkt seine Entscheidungen, eine andere ist mißtrauisch, eine dritte versteht die
Situation nicht. Manche Eltern möchten jegliche Intervention
vermeiden, geben irreführende Auskünfte und zeigen ihr Mißtrauen mehr oder weniger deutlich. Vor allem psychisch gestörte Eltern können aufsässig, schwer korrigierbar, destruk-
tiv kritisch oder über die Maßen anspruchsvoll sein, so daß
die Arbeit für den Therapeuten sehr frustrierend werden kann.
Die Versuchung ist für ihn dabei sehr groß, strafendes Verhalten der Eltern mit Strafe zu erwidern und auf Mißtrauen mit
Rechtfertigung zu reagieren.

In solchen Augenblicken neigt er dazu - je unsicherer er ist,
umso mehr - sich der Mutter zuzuwenden, die ihn bestärkt.
Verfällt der Trainer diesen Lernvorgängen, so wird er immer
mehr die Kooperativität der Mutter gewinnen, mit der er belohnend interagiert (deren Kooperation er aber von Anfang an
schon besaß); andererseits verliert er zunehmend den Kontakt
zur bestraften Mutter, um deren Kooperativität er sich aber
gerade bemühen sollte. Je besser der Trainer versteht, Strafen
zu erkennen, Strafen der Eltern einzustecken und sie als Aufforderung anzusehen, nun erst recht motiviert auf die unzu-
friedenen Eltern einzugehen, desto seltener wird er motivierte
Eltern verärgern, und desto häufiger wird er unmotivierte
Eltern für sich gewinnen.

Der Trainer kann falsch reagieren, er kann Fehler begehen.
Der strafende Trainer z.B. riskiert Unkooperativität des
Bestraften. Bei einer Szene zwischen Mutter und Kind oder
beim Erarbeiten erzieherischer Lösungen im Rollenspiel gibt

es immer wieder Mütter, die fast alles falsch machen, was falsch zu machen ist. So muß der Trainer mitansehen, wie die Mutter das Unglück des Kindes regelrecht heraufbeschwört; im Rollenspiel muß er immer wieder erleben, daß es der Mutter nicht gelingt, kindgerecht zu reagieren, d.h. einen Lernprozeß durchzumachen. Dabei kann es sein, daß bereits andere Trainingsmitglieder ungeduldig werden, aufstöhnen, eine Mutter zur Nachbarin hinüberlächelt, geringschätzig oder mitleidig gegenüber der Mutter, die sich vergeblich müht. In diesem Moment kann der Trainer versucht sein, sein - vielleicht mangelhaftes - Selbstbewußtsein zu stärken, indem er der Mutter alle Mängel ihres Verhaltens aufzeigt, sich als Besserwisser bestätigt und gleichzeitig die wohltuende Zustimmung der übrigen einholt, die die Hilflosigkeit der Mutter erkannt haben. Dies würde die hilflose Mutter u.U. derart bestrafen, daß sie ihre Konzentration verliert, unsicher wird, sich mehr und mehr mit sich statt mit der Sache beschäftigt, weniger zuhören kann, keine Ideen mehr hat und den Mut und die Lust zu neuen Versuchen verliert. Der Therapeut hätte die Kooperativität dieser Mutter verloren.

3. Kooperation in der Nachbetreuungsphase

In keiner anderen Phase der Therapie ist die Unkooperativität des Therapeuten wahrscheinlicher als dann, wenn die entscheidende therapeutische Intervention geleistet ist und nun die Nachbetreuung aufgenommen werden soll. Der Therapeut ist selbst dem Erfolgsprinzip unterworfen, das ihn in seiner Arbeit motiviert. Oft genug genügt ihm ein "billiges feedback", die Rückmeldung, daß alles "gut gelaufen" ist. Er will nicht mehr "belästigt" werden und den "Fall" abschließen. Er ist wenig geneigt, Fehler, die nachträglich bewußt werden, zu korrigieren, da er gern solche bestrafend wirkenden Einsichten meidet.

Nicht selten steht ein wissenschaftliches Interesse im Vordergrund. Der Therapeut verliert das Interesse am "Projekt", sobald das "Experiment" beendet ist; dabei vergißt er, daß dieses "Projekt" für die Eltern u.U. ein tief einschneidendes Erlebnis war, kein "Experiment", sondern hoffnungsfroher Anfang, kein "Versuch", sondern Ernst. Ein dreiviertel Jahr nach einem Elterntraining planten wir eine follow-up-Messung. Keiner des Mitarbeiterteams schien recht bereit, die Eltern aufzusuchen, um das vorgesehene schriftliche Interview durch- zuführen. "Wissenschaftlich" waren wir motiviert, denn dazu diente die Nachuntersuchung. Was uns hinderte war unser schlechtes Gewissen, daß wir keine Nachbetreuung durchge- führt hatten.

Oft ist die sorgfältige Nachbetreuung institutionell, perso- nell und finanziell nicht gesichert. Durch die vorhandenen Wartelisten muß man sich anderen Fällen zuwenden. Die ökono- mischen Verhältnisse verleiten dazu, nicht einen, sondern möglichst viele Patienten zu betreuen, so daß für die Nachbe- treuung keine Zeit bleibt. Dabei entsteht in der gemeinsamen Therapiearbeit oft ein persönliches Verhältnis zwischen Eltern und Therapeut. Der Therapeut muß sich aber notgedrungen auch anderen Eltern zuwenden, und die ersten Eltern machen plötz- lich die Erfahrung, daß sie nur ein Elternpaar unter vielen sind.
Schließlich ist die Fluktuation des Personals ein Faktor, der eine solide Nachbetreuung erschwert. So brechen Eltern den Kontakt ab, weil sie den Therapeuten, dem sie sich anvertraut haben, durch einen Fremden ersetzt sehen, dem sie sich nicht verpflichtet fühlen.

Zusammenfassung
Das Programm des Trainings und - unabhängig davon die Person des Trainers können Eltern zur Mitarbeit motivieren oder von ihr fernhalten.

Im Training
- werden die Eltern zeitlich belastet
- werden sie oft Fehler und Versagen zugeben müssen
- müssen sie Kritik verkraften
- werden ihre erzieherischen Einstellungen in Frage gestellt
- können ihre ethischen Gefühle verletzt werden
- werden sie u.U. von der Lernaufgabe überfordert, so daß sie das Training bestrafend erleben und die Mitarbeit kündigen.

Der Therapeut
- kann Fehlentscheidungen treffen
- die Eltern bloßstellen, verärgern und verletzen
- seine Aufmerksamkeit ungerecht verteilen
- das Intersse verlieren
- unqualifizierte Ratschläge erteilen, so daß die Eltern die
  Lust an der Zusammenarbeit verlieren und keinen Sinn darin
  sehen.

1.4. Faktoren der Kooperativität, die unabhängig von der Phase des therapeutischen Prozesses wirksam sind

Wenn wir versuchen, den Trainingsprozeß im Kontext des familiären Lebens zu sehen, so wird deutlich, weshalb es nicht gelingen will, das Phänomen Kooperativität in ein klares Schema
von günstigen und ungünstigen kontrollierenden Variablen und
den entsprechenden abhängigen Variablen zu bringen. Der allgemeine Soziale Streß der alleinstehenden Mutter kann die Kooperativität beeinträchtigen. Wenn es jedoch dem Trainer gelingt,
die Mutter persönlich anzusprechen und ihr in der Gruppe neue
Sozialkontakte zu eröffnen, kann sich der Druck zu sozialer
Anpassung als günstige Variable auswirken und Kooperativität
fördern.

Wir haben es mit einem dynamisch-verschränkten Prozeß von
großer Komplexität zu tun.

Die Feldstudie, die wir zur Erforschung dieses Prozesses
durchgeführt haben, erfordert jedoch, daß wir diesen Prozeß
statistisch betrachten. Eine andere Forschungsstrategie
wäre - von methodischen Gesichtspunkten aus gesehen - aus-
sichtslos gewesen. Natürlich haben daher auch die Aussagen
nur relative Gültigkeit, d.h. bis es im Training gelingt,
entsprechend zu reagieren.
Wir haben deshalb eine Phänomenologie des Problemfeldes an
den Anfang gestellt - was bei Studien dieser Art eher ungewöhnlich ist -, damit es möglich wird, aufgrund einer genaueren und detaillierteren Anschauung der Dynamik und Kom-

plexität des Prozesses die Berechtigung einer statistischen
Betrachtungsweise zu erkennen und zugleich die gemachten Aussagen zu relativieren. Entsprechend dieser Strategie wollen
wir im folgenden die freien Variablen auf seiten des Umfeldes
der Eltern - das Training selbst ausgenommen - zusammenfassend
darstellen.

1.4.1. Fähigkeit, Einstellung und Leidensdruck

Das Geschick, mit Kindern umzugehen, ist manchen Eltern mehr,
anderen weniger gegeben. Geht man davon aus, daß Handeln stets
auf positive Bekräftigung zielt, können wir annehmen, daß erzieherisch begabte Eltern erzieherische Aufgaben eher suchen
werden, weil diese Situation Erfolg verspricht, und daß erzieherisch weniger begabte Eltern erzieherische Aufgaben eher
meiden werden, weil diese Situation ein Signal für Mißerfolg
ist. Wir erwarten daher, daß die Bedingungen für die Kooperation mit dem Therapeuten bei pädagogisch begabten Eltern günstiger sind als bei unbegabten, obwohl letztere die Hilfe
dringender brauchten.

In ähnlicher Weise stellt auch die Einstellung der Eltern
gegenüber ihrem Kind eine Bedingung für Kooperation dar. Ist
die Einstellung zum Kind gut, macht es Spaß, sich mit dem
Kind zu beschäftigen; ist sie schlecht, so wird die Beschäf-
tigung mit dem Kind leicht zur Strafe.

So macht die positive Einstellung zum Kind die Kooperation
wahrscheinlicher und eine negative Kooperation unwahrschein-
licher. Die Einstellung zum Kind darf jedoch nicht isoliert
von ihrer Ursache betrachtet werden. Eine Mutter, die mit 36
Jahren ein mongoloides Kind geboren hat, berichtet, daß sie
ständig zwischen den beiden Möglichkeiten schwanke, den Beruf
aufzugeben und sich ganz dem Kind zu widmen oder das Kind
in ein Heim zu geben. Diese Ambivalenz dem Kind gegenüber
läßt sich folgendermaßen erklären:
Für die Mutter ist das Kind zu einer Quelle von Strafe geworden: ihre Schwiegermutter macht ihr Vorwürfe, sie hätte
in ihrem Alter kein Kind mehr empfangen dürfen; sie erlebt

die mitleidsvollen Blicke der Besucher; sie erlebt, daß der
Vater das Kind meidet, und damit wächst in ihr das Bestreben,
das Kind abzugeben. Andererseits liebt sie es und will wissen,
wie groß die Chancen sind, das Kind durch gezielte Förder-
maßnahmen auf dem normalen Entwicklungsstand zu halten. Der
Leidensdruck bedingt ein Vermeidungsverhalten, doch wissen
wir nicht, wann er eine Mutter dazu bewegt, sich für das Kind
einzusetzen und wann er sie ganz im Gegenteil dazu drängt,
sich von ihrem Kind abzuwenden und es aufzugeben.

1.4.2. Persönlichkeitsvariablen

In der Literatur werden häufig Persönlichkeitsvariablen für
die Kooperation verantwortlich gemacht.

Alter der Eltern: Höheres Alter kann sich als abnehmende Belastbarkeit und mangelnde Umstellungsfähigkeit bemerkbar
machen. Je länger eine Verhaltensweise eingeübt wurde, desto
schwerer wird sie zu verändern sein. Andererseits leben junge
Eltern unter schlechteren finanziellen Bedingungen, die sich
auf die Kooperation ebenfalls ungünstig auswirken. Der materielle Engpaß zeigt sich am klarsten in der relativ schlechten
Wohnsituation der jungen Familien. Für 67% ist dies das
schwierigste Problem der ersten Ehejahre (PETTINGER, 1973).
Bei jungen Familien müssen wir zudem mit einer größeren Zahl
fürsorgebedürftiger Kinder rechnen, so daß diesen Müttern
weniger Zeit für außerfamiliäre Aktivitäten bleibt. Unter
solchen Verhältnissen fällt der Mutter das therapeutische
Engagement nicht leicht.

Lerngeschichte zur Erziehung: Die Beobachtungen von RICHTER
(1963) führen vor Augen, wie sich in Familien erzieherische
Traditionen ausbilden, auch wenn sie pathologisierende Wirkung
haben. Immer wieder müssen sich Therapeuten bei der Behandlung des Kindes damit auseinandersetzen, daß Eltern sich auf
ihre am eigenen Leibe erfahrene Erziehung berufen, sei es,
um damit die Richtigkeit ihres Handelns zu begründen, sei es
um damit ihr erzieherisches Verhalten zu entschuldigen, das

sie nicht ablegen können, obwohl sie einsehen, daß es ihr
Kind unglücklich macht.

Eine Mutter von acht Kindern - ihr Mann ist Hilfsarbeiter, sie
ist als Putzfrau berufstätig - äußert während eines Trainings:
"Ja, nun ist mir aufgegangen, ohne daß Sie es mir sagen mußten,
was ich an meinen Kindern alles falsch gemacht habe. Aber nun
müßte ich mich ganz ändern. Ich habe aber immer meine Mutter
vor Augen, und die war wie ich. Und meine Tochter, die älteste,
ist nun 18 Jahre alt. Da wissen Sie, wie lange ich alles ge-
wohnt bin, was ich jetzt eigentlich nicht mehr tun darf. Aber
Sie können aus mir keinen neuen Menschen mehr machen."

Schulbildung der Eltern: Zweifellos brauchen Eltern zur Übernahme therapeutischer Aufgaben bei ihrem Kind eine gewisse
Intelligenz. Nach unseren Erfahrungen sind Mütter mit Sonderschulbildung durchaus in der Lage, sich bestimmte kritische
Verhaltensweisen anzueignen und sie in der kritischen Situation anzuwenden, aber sie können nicht generalisieren. Das
Gelernte bleibt auf die konkrete Situation, in der es eingeübt worden ist, beschränkt.

Schulbildung bedingt auch die kulturelle Nähe zum Therapeuten.
Lehrer, Ärzte, Psychologen, die die pädagogisch-therapeutische
Arbeit planen und durchführen, haben eine höhere Schulbildung
und das damit verbundene Verhaltens- und Verbalrepertoir. Die
Verständigung mit den unteren Schichten wird daher schwie-
riger.

Ein weiteres Moment ist die Denkweise. Die Verhaltenstherapie
ist dem naturwissenschaftlichen Denken entsprungen. Hier wird
Verhalten als Produkt von Umweltvariablen verstanden und nicht
als Ausdruck freier Willensäußerung und Persönlichkeit.

Eltern der Unterschicht werden daher leicht überfordert, und
dies bedingt apathische Resignation oder aggressive Ablehnung
und Herabsetzung. Nach einer Untersuchung von WHITE et al.
(1957; zitiert nach HOFFMANN und LIPPITT, 1966) übernehmen
Mütter der Mittelschicht häufiger als Mütter der niedrigen

Schicht Erziehungsvorstellungen von Experten. Ebenso gelingt
bei Eltern mit niedriger Bildung die Co-Therapie seltener
(CHEEK et al, 1971) und sie suchen überhaupt seltener Bera-
tungsstellen auf (KOSCHORKE, 1973).

Berufsausbildung und Art des ausgeübten Berufes: Der Erwachsene
ist vor allem durch das Berufsleben in Anspruch genommen, das
dadurch wesentlich sein Verhalten beeinflußt. Wir lernten häufig Eltern kennen, die gerade einen Betrieb aufbauen wollten
oder die sich gerade in einer beruflichen Phase befanden, in
der sie meinten, ihre Kräfte ausschließlich dem Beruf widmen
zu müssen. Auch die Art der Tätigkeit wird die Kooperationsbereitschaft beeinflussen.

Therapeutische Erziehung verlangt erzieherische Phantasie und
erzieherische Entscheidungsfähigkeit; beides wird u.a. durch
erzieherische Erfahrung geschult. Daher ist der Fließbandar-
beiter benachteiligt, der in seinem Beruf nicht zur Kreativi-
tät angeregt und geistig nicht gefordert wird. Der Lehrer, der
einen großen Teil des Tages in der Familie ist und sich beruflich mit pädagogischen Fragen beschäftigt, ist dagegen be-
vorteilt. Die Kooperation dürfte den Eltern leichter fallen,
die bei ihrer Tätigkeit lernen, Verantwortung zu tragen und
Entscheidungen zu treffen, und sie fällt wahrscheinlich jenem
Erzieher schwerer, der nur gelernt hat, Gehilfe zu sein und
Entscheidungen auszuführen, die andere treffen.

Extraversion und Introversion der Eltern: Hiermit haben wir
neben der neurotischen Tendenz eine klassische Dimension der
Persönlichkeitspsychologie zu berücksichtigen versucht.
"Der typisch Extravertierte ist sozial aufgeschlossen, liebt
Geselligkeit, hat viele Freunde, muß sich anderen Menschen
mitteilen, liest und studiert nicht gern allein. Er liebt Aufregungen, geht Risiken ein, handelt aus dem Augenblick heraus
und ist allgemein eine impulsive Persönlichkeit. Er liebt
Späße, ist schlagfertig, liebt die Abwechslung; er ist optimistisch und lacht gerne. Er bevorzugt die Betriebsamkeit,
neigt zu Aggressionen und wird schnell ungeduldig. Er hat seine
Gefühle nicht sehr unter Kontrolle, und er ist auch nicht im-

mer besonders zuverlässig. Der typisch Introvertierte ist
ruhig, zieht sich zurück und neigt zur Selbstbeobachtung, er
liebt Bücher mehr als Menschen, ist "zugeknöpft" und distan-
ziert außer gegenüber intimen Freunden. Er plant voraus, ist
vorsichtig und mißtraut dem Impuls des Augenblicks. Er liebt
keine Aufregungen, begegnet Problemen des Alltags mit ange-
messenem Ernst und neigt zu einer geordneten Lebensführung.
Seine Gefühle hat er sehr unter Kontrolle, selten verhält er
sich aggressiv, und er wird nicht leicht ungeduldig. Er ist
zuverlässig, etwas pessimistisch und legt Wert auf hohe
ethische Normen." (EYSENCK und RACHMAN, 1970).

Diese beiden Typen scheinen höchst unterschiedliche Voraussetzungen für eine Kooperation mitzubringen.

Neurotische Tendenz der Eltern: "Die Mutter ist neurotisch,
mit der läßt sich nichts anfangen!" Dies ist eine immer wieder
vorgebrachte Entschuldigung, wenn der Therapeut mit einer
Mutter nicht zurechtkommt.
Gemäß EYSENCKs Persönlichkeitsmodell ist die "neurotische
Tendenz" die zweite Grunddimension neben "Extraversion- Introversion". Dabei soll Neurotizismus von vegetativen nervösen
Erregungen abhängig und teilweise erbbedingt sein. Neurotische
Tendenz wird mit "emotionaler Labilität" oder "Neurosebereit-
schaft" gleichgesetzt und bezieht sich auf die Stärke und
Kontrolliertheit "emotionaler Reaktionen".
"An einem Pol handelt es sich um Menschen, deren Emotionen
labil, stark und leicht zu aktivieren sind; sie sind verstimm-
bar, empfindlich, ängstlich, unruhig usw. Am anderen Pol handelt es sich um Personen, deren Emotionen stabil und weniger
leicht ansprechbar sind und die ferner ruhig, ausgeglichen,
sorglos und unzuverlässig sind" (EYSENCK und RACHMAN, 1970).
Mitarbeit bedeutet eine erhebliche Belastung der Mutter, und
es ist zu erwarten, daß die labile Mutter den Anforderungen
wenig gewachsen ist, so daß ihr die zur Co-Therapie notwendige
Verhaltenskontrolle schwer gelingt.

1.4.3. Familiäre Bedingungen

"Ich wünsche, daß mein Junge sportlicher wird!" Der Vater, der
dies sagte, war selbst Stürmer in der ersten Fußballmann-
schaft des Ortes und gehörte dem Vorstand des Vereins an. Sein
Sohn aber war schwer geistig behindert, ausgesprochen träge
und stark übergewichtig, so daß er in keiner Hinsicht den
sportlichen Idealen des Vaters entsprechen konnte. Dies war
umso bedrückender für den Vater, als der gesellschaftliche
Kontakt der Familie stark mit dem Vereinsleben verbunden war.
Unter den Kindern der befreundeten Familien blieb der kör-
perlich unbewegliche Junge Außenseiter. Dem Vater fiel es
schwer, den Sohn in seiner Behinderung anzunehmen, der seine
sportlichen Erziehungsideale enttäuschte und die Beziehungen
zu den Bekannten der Familie erschwerte. Daher setzte er sich
nicht persönlich für die heilpädagogische Förderung des Kindes
ein; er unterstützte aber seine Frau in ihren therapeutischen
Bemühungen, weil er sich dadurch auch eine Entwicklung des
Kindes erhoffte, die es "gesellschaftsfähig" mache. So hemmte
der Leidensdruck des Vaters einerseits sein direktes persönliches Engagement, andererseits motivierte der Leidensdruck
ihn dazu, die Mutter in ihrem persönlichen Einsatz für das
Kind zu unterstützen.

Dieses Beispiel macht deutlich, daß Charaktermerkmale des
Kindes unmittelbar auf das erzieherische Verhalten der Eltern
einwirken, daß sie aber auch mittelbar die Einstellung der
Eltern zum Kind beeinflussen, weil die soziale Umwelt unterschiedlich auf das Kind reagiert. Neben Art und Schwere der
Störung erscheinen uns die Auffälligkeit der Verhaltensstörung
und das Aussehen des Kindes die Beziehung zum Kind und damit
die Kooperativität der Eltern zu bestimmen.

Art der Störung des Kindes: Von mongoloiden Kindern wird berichtet, daß sie sehr imitationsfreudig sind und von Eltern
belohnender empfunden werden als schwer retardierte Kinder mit
einem Hirnschaden (STAEDELI, 1968; REDLIN und HÜFNER,   ).
Autistische Kinder dagegen stellen das andere Extrem dar. Sie
wirken durch ihr sozial unnahbares Verhalten auf Eltern be-

sonders bestrafend und frustrierend (GOTTWALD und REDLIN,
1972). In anderer Weise wiederum fügen "schwererziehbare"
Kinder den Eltern Leid zu und verunsichern sie mehr als z.B.
kontaktscheue Kinder, von denen Eltern meist glauben, sie
seien überangepaßt, so daß sich die Störung von selbst geben
würde.

In einer katamnestischen Untersuchung haben KLICPERA et al.
(1976) nach kindlichen Diagnosegruppen aufgeschlüsselt, welche
Eltern den Fragebogen zur Katamnese termingerecht bzw. nicht
termingerecht zurücksandten und wieviele Eltern in den einzelnen Diagnosegruppen überhaupt nicht antworteten.

Tabelle 3. Termingerechte Beantwortung eines Fragebogens der
Eltern in verschiedenen Diagnosegruppen (KLICPERA et al.,
1976)

	rechtzeitig zu-rückgesandt (%)	verspätet zu-rückgesandt (%)	unbeant-wortet (%)
Neurosen	72,5	9,1	18,2
Verhaltens-gestörte	74,0	10,7	13,3
MBD (minimal brain damage)	80,0	10,0	10,0
Sprachstörung	81,0	9,5	9,5
Minderbegabung	80,4	3,6	16,0
Leichte Debilität	84,0	1,6	14,4

Tabelle 3. zeigt, daß in der Elterngruppe, deren Kinder als
"neurotisch" oder "milieureaktiv verhaltensgestört" diagnosti-
ziert wurden, der Anteil unkooperativer Eltern um etwa zehn
Prozent höher liegt als bei den anderen Diagnosegruppen. Die
unkooperativen Eltern sandten den Fragebogen erst nach noch-
maliger telefonischer Aufforderung verspätet zurück oder verweigerten die Beantwortung. Die kooperativste Gruppe war die
Elterngruppe der geistig Behinderten.

Ausprägungsgrad der Störung: Der Leidensdruck ist unmittelbar
auch von der Schwere der Störung abhängig. Ein pflegebedürf-

tiges Kind belastet die Eltern (vor allem die Mutter) ungleich
mehr als ein Kind, das nur partielle Ausfälle hat.

Man würde jedoch fehlgehen, wollte man zwischen Ausprägungsgrad der Störung und Leidensdruck eine lineare Beziehung annehmen. Wir haben die Erfahrung gemacht, daß Eltern von lernbehinderten Kindern viel aufgeschlossener für eine Therapie
sind als Eltern von schwerretardierten Kindern. Man wird sich
diesen Sachverhalt so erklären müssen, daß die Eltern eines
schwerretardierten Kindes sich eher mit der Störung des Kindes
abfinden, weil sie eindeutiger ist, als Eltern eines lernbehinderten Kindes, bei dem man immer noch die Hoffnung hat:
"Es kommt schon noch". Hierbei spielt natürlich auch die Variable "Erfolgsaussicht" eine Rolle.

Auffälligkeit von Verhaltensstörung und Aussehen des Kindes:
Motivation wird meist als Persönlichkeitseigenschaft beschrieben. Daß man sie auch als Eigenschaft der Umwelt, in der
eine Person sich befindet, beschreiben kann, wird am Zusammenhang von Kooperationsbereitschaft und Aussehen des behinderten
Kindes deutlich.

Untersuchungen von STEINBACHER (1969) und von KRÜGER (1971)
zeigen, daß bereits bei Volks- und Sonderschülern negative
Einstellungen gegenüber Kindern mit sichtbaren körperlichen
Abweichungen vorhanden sind. In beiden Untersuchungen ging
man methodisch in gleicher Weise vor und kam zu übereinstim-
menden Ergebnissen. Sechs stilisierte Zeichnungen von fünf
behinderten und einem gesunden Kind sollten von Volks- und
Sonderschülern in eine Sympathieanordnung gebracht werden.
Es ergab sich folgende Reihenfolge:
- Gesundes Kind
- Kind mit Gesichtsentstellung
- Kind mit amputiertem linken Arm
- Kind im Rollstuhl
- Kind mit Krücken und Beinschiene
- fettleibiges Kind.

NITSCH (1973) faßt Untersuchungsergebnisse zusammen, die die
Abhängigkeit der Einstellung zum behinderten Kind vom Grad der
Behinderung aufgeklärt haben. Demnach werden: Behinderungen,
die äußerlich nicht erkennbar sind (Herzfehler, Nierenmißbil-
dungen), nicht von der Öffentlichkeit abgelehnt. "Mitleid
und Hilfsbereitschaft dominieren". Nicht entstellende geistige Behinderungen, die erst bei näherem Kontakt bemerkbar
werden, treffen auf "unterschwellige" Ablehnung. "Die direkte
Umgebung ist froh, wenn sie so wenig wie möglich auffallen,
die weitere Umgebung nimmt diese Behinderung achselzuckend in
Kauf." Die Förderung des Kindes ist unzureichend. Die dritte
Gruppe schließlich "umfaßt die schweren oder entstellenden
Behinderungen und die merkliche bis sehr schwere geistige Behinderung.

Über 60% aller Befragten meinen, daß solche armen Wesen in
Heime gehören. Haus- oder gar Wohngemeinschaft mit einem Behinderten dieser Gruppe wird abgelehnt, allenfalls toleriert,
wenn man persönlich nicht dadurch abgewertet wird. 50% der
Befragten kommen zu Stellungnahmen, die in den Bereich der
Euthanasie gehören...". Auch die Eltern werden in diesem Denken
befangen sein und das Diskriminierende dieses Denkens zu
spüren bekommen, das sich wiederum auf die Eltern-Kind-Beziehung ungünstig auswirkt.

Führt das Aussehen des Kindes direkt oder indirekt zu einer
Ablehnung des Kindes durch die Eltern, so wird dies die
Kooperativität nachteilig beeinflussen.
Ein Ergebnis der katamnestischen Untersuchung von KLICPERA
et al. (1976) veranschaulicht die größere Ablehnung der
Minderbegabten und Debilen durch andere Kinder (nach Meinung
der Eltern) als der milieureaktiv verhaltensgestörten Kinder
(Abb. 1).

Ein zweites Ergebnis macht deutlich, wie schwer es den geistig Behinderten fällt, Anschluß an andere Kinder und Erwachsene zu finden (Abb. 2).

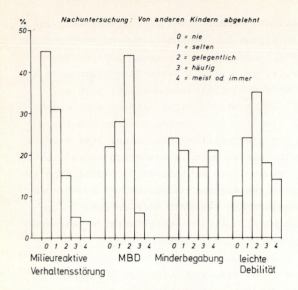

Abb. 1. Einschätzung der Ablehnung des behinderten Kindes von anderen Kindern durch die Eltern aufgeteilt nach verschiedenen Diagnosegruppen

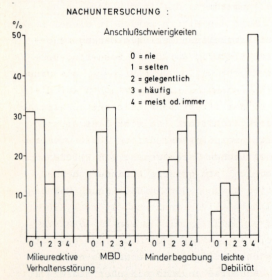

Abb. 2. Anschlußschwierigkeiten der behinderten Kinder verschiedener Diagnosegruppen nach Einschätzung der Eltern

Nicht nur das Kind selbst, sondern auch die Eltern bekommen die Auffälligkeit des Kindes unangenehm zu spüren.

Unter bestimmten Bedingungen kann das auffällige Verhalten des behinderten Kindes für die Eltern zum diskriminativen Reiz für Strafe werden. Ein persönliches Erlebnis mag den Vorgang verdeutlichen:
Eltern betreten mit ihrem mongoloiden Kind eine Gaststätte. Die Familie setzt sich zu drei anderen Gästen an einen Tisch. Nach kurzer Zeit verlassen diese drei Gäste die Gesellschaft der Familie und setzen sich an den Nachbartisch. Ein vierter Gast ahmt beim Hinausgehen die ungelenken Bewegungen des behinderten Kindes faxenhaft nach, was seine Tischgenossen erheitert.

Dies bedeutet: Die Fürsorge der Eltern für das Kind wurde durch andere Personen bestraft
- mit sozialer Isolierung (man verläßt die Tischgesellschaft)
- mit Verspottung (Faxen), wobei der Spötter auch noch durch den Lacherfolg verstärkt wird.

Befragungsergebnisse zur Einstellung der Bevölkerung zu behinderten Kindern faßt PAUL (1973, S. 22-25) zusammen. Vererbung, Inzucht und Trunksucht werden am häufigsten als Ursachen geistiger Behinderung angenommen. 10-23% gaben auf direkte Fragen zu, daß sie "Entsetzen, Unheimlichkeit, Ekel, Abscheu und Angst vor geistig behinderten Kindern" verspürten. Die Unsicherheit und Angst vor den Behinderten führt wiederum zu ablehnenden, d.h. bestrafenden Reaktionen: z.B. würden nur "64,8% ihr eigenes Kind mit einem geistig behinderten Kind spielen lassen."

PAUL, der Ergebnisse einer Meinungsumfrage von VAN BRACKEN und COTANIDIS (1971) referiert, faßt zusammen: "... etwa dreiviertel der Befragten glauben, daß sich die Nachbarn mehr oder weniger ablehnend verhalten und daß sie eher gleichgültig sind." 80% der Eltern geben an, daß andere Kinder "geistig behinderte Kinder hänseln, verspotten und über sie lachen, 40% sogar, daß sie diese schlagen" (PAUL, 1973).

"Die Nachbarn behalten ihre eigenen Kinder im Hause, wenn das
behinderte Kind draußen spielt. Umgekehrt lassen die Eltern
ihr behindertes Kind nicht aus dem Hause, weil sie sich schä-
men (85% der Antworten), weil sie um ihr Ansehen besorgt sind
(75,5%) oder weil sie Schuldgefühle haben (50,3%)" (PAUL,
1973).

"Der Vater meint etwa, er habe eine bestimmte Stelle aus
diesem Grunde nicht erhalten; die Mutter meint, die Wohnungs-
nachbarn zögen sich wegen des Kindes von ihr zurück" (EGG,
1965). Dies kann in seltenen Fällen zu paranoidem Beziehungs-
wahn führen. Wenn die Behinderung vor der Nachbarschaft ver-
borgen bleiben kann, wie z.B. bei Enuresis, versuchen viele
Eltern, heimlich zum Therapeuten zu kommen, und lehnen Besuch
in ihrer Wohnung ab, damit "die Nachbarschaft nichts spitz
bekommt". Dabei tun die starken Vorurteile in der Bevölkerung
gegenüber der Psychiatrie ein übriges. So ist es für Eltern -
vor allem für Väter - allein schon beschämend, mit ihrem Kind
eine psychiatrische Klinik aufzusuchen.

Es ist bezeichnend, was die Mutter eines geistig behinderten
Jungen ein Jahr nach einem Elterntraining als wertvolles Ergebnis angab: "Mein gesteigertes Selbstbewußtsein der Umwelt
gegenüber, der neue Gedanke, ich kann mein Kinder der Umgebung
zumuten" (WARNKE, 1976).

Gerade in einer Leistungsgesellschaft ist es schwierig, eine
positive Einstellung zum Behinderten durchzusetzen. "Zwar
scheint das Euthanasiedenken in der Gegenwart weitgehend über-
wunden zu sein, doch ist es in Wirklichkeit nur durch das
Rentabilitätsdenken kaschiert worden, d.h. der menschliche
Einsatz und die finanziellen Aufwendungen für den Behinderten
werden vorwiegend unter dem Gesichtspunkt wirtschaftlicher
Rentabilität gesehen" (BACH, 1969).
Es gibt auch in diesem Falle, in dem das Kind für die Eltern
zu einer ständigen Quelle sozialer Bestrafung geworden ist,
verschiedene Möglichkeiten des Ausweichens. Manche Eltern kap-
seln sich von der strafenden Umwelt ab, sie verstecken das

behinderte Kind; andere schieben es ab; wieder andere unter-
nehmen alles Erdenkliche, um das Kind zu fördern.

1.4.4. Soziale und ökonomische Bedingungen der Familie

Die ökonomischen Verhältnisse und die Intaktheit der intrafamiliären Beziehungen erscheinen uns wesentlich für die Prognose des therapeutischen Einsatzes der Eltern für ihr Kind.
Sie sind u.a. ein Maß für die Beanspruchung einer Mutter und
damit ein Hinweis zur Verfügbarkeit der Mutter für therapeutische Aufgaben.

Allgemein können wir sagen: je stärker eine Mutter familiär
beansprucht wird, desto weniger wird sie Zeit und Kraft für
das therapiebedürftige Kind aufbringen können. Sie kann umso
weniger erzieherische Aufgaben übernehmen, je mehr sie mit
eigenen Problemen beschäftigt ist. Eigenprobleme verursachen
eine verzerrte Sicht des anderen und mangelndes Einfühlungs-
vermögen; die Kontrolle über das eigene Verhalten wird unzureichend. Die problembeladene Mutter ist unkonzentriert bei
Aufgaben, die nicht unmittelbar das eigene Problem betreffen.
Die Mitarbeit bei der therapeutischen Förderung des Kindes
setzt aber kontrolliert systematische Beobachtung und Reaktion
voraus.

Unvollständigkeit der Familie: Die unvollständige Familie
stellt eine Problemgruppe dar (Familienbericht, 1975). Die
alleinstehende Mutter ist stark beansprucht. Dazu tragen
mehrere Umstände bei: Die alleinstehende Mutter – sei sie geschieden, verwitwet oder ledig – muß Aufgaben allein bewältigen, die sonst gemeinsam von Mann und Frau übernommen werden: materielle Sicherung der Familie, Erziehung des Kindes,
Haushaltspflichten. Neben der Aufgabenhäufung wirken sich
die ökonomischen Sorgen schwerwiegend aus, die vor allem die
ledige und geschiedene, weniger die verwitwete Mutter, be-
drücken. Ledige Mütter mit Kindern "haben im Schnitt eine ge-
ringe berufliche Qualifikation und verfügen im Durchschnitt
über ein niedrigeres Pro-Kopf-Einkommen als die vollständigen
Familien mit gleicher Kinderzahl" (2. Familienbericht, S. 87,

1975). Dementsprechend ist bei den ledigen Müttern mit Kindern
die Wohnungssituation am ungünstigsten, rund 14% leben in
Untermiete und 21,9% in Wohngemeinschaft, vor allem mit den
Eltern. Dabei leben sie häufig in sehr beengten Wohnungen
(0,94 Personen pro Raum gegenüber 0,84 bei vollständigen Familien) (Familie und Sozialsituation, 1973).

Bei ledigen Müttern kommt häufig eine soziale Stigmatisierung
hinzu, die sich in übermäßiger Besorgtheit um das Kind und
Scheu oder Aggression gegenüber der Gesellschaft ausdrückt
oder zu einer Ablehnung des Kindes führt. So sprechen u.a. Ergebnisse dafür, daß in der vaterlosen Familie die Kinder eher
überfürsorglich erzogen werden, so daß sie weniger selbständig
und weniger leistungsmotiviert erscheinen (LEHR, 1973; BARCLAY
und CUSUMANO, 1967).

Geschiedene Mütter leben mit der Erfahrung einer gescheiterten
Ehe und stehen oft vor dem Problem, sich erneut im Berufsleben zurechtfinden und einen neuen Bekanntenkreis aufbauen
zu müssen. Alle diese Belastungen rauben der Mutter die Zeit
und Kraft, die sie zur Co-Therapie so nötig bräuchte.
Dem Problem der Erziehung in gestörten und unvollständigen Familien haben sich u.a. STAMPFLI (1951) und HAFFTER (1960) ge-
widmet.

*Gestörte Ehe, gestörte Eltern-Kind-Beziehung und inadäquate
Erziehung:* In der anfangs zitierten Literatur wurde die Intakt-
heit der Ehe als Indikator für Kooperativität hervorgehoben.
Tabelle 4, die Ergebnisse aus der katamnestischen Untersuchung
von KLICPERA et al. (1976) zusammenfaßt, unterstreicht diese
Feststellung.

Die Ergebnisse machen das Dilemma deutlich klar: Dort, wo
nach einer Therapie die Störungen des Kindes unverändert geblieben sind oder sie schlechter wurden, treffen wir zwei-
bis dreifach häufiger als in der Stichprobe der gebesserten
Kinder Familienverhältnisse an, in denen die Erziehung als
sehr inadäquat beurteilt wurde, die Beziehung der Eltern zum
Kind gestört und die Ehe zerrüttet ist.

Tabelle 4. Besserung kindlicher Verhaltensstörungen einige Jahre nach stationärer Behandlung in Abhängigkeit von Ehe, Eltern-Kind-Beziehung und Erziehung. (KLICPERA et al., 1976)

	Störung des Kindes	
	stark gebessert oder gebessert	unverändert oder verschlechtert
Gestörte Partnerschaft der Eltern	11,5%	29%
Gestörte Beziehung der Eltern zu dem Kind	9,0%	20%
Inadäquate Erziehung	19,5%	42%

Dies bestätigt unsere Annahme, daß die Fortsetzung therapeutischer Bemühungen beim Kind relativ häufig gefährdet ist, wenn intrafamiliäre Verhältnisse dieser Art vorliegen. Sie stellen elterliche Kooperativität in Frage.

Wohnverhältnisse: "... nahezu zwei Drittel der befragten Mütter nennen Wohnungsprobleme als eines der größten Probleme für Familien mit Kindern" (Familienbericht, 1975). Der Bericht der Bundesregierung zeigt dabei die enge Verbindung von Wohnungsnot, Familieneinkommen und Kinderreichtum auf. Während die Bedeutung der Wohnbedingungen für die Sozialisation des Kindes unbestritten ist, ist ausgerechnet bei den kinderreichen Familien und den Familien mit behinderten Kindern die Wohnungsnot am größten (Familienbericht, 1975). Die Autoren stellen zudem fest, "daß das verfügbare Familieneinkommen wesentlicher Indikator für die Wohnungsversorgung von Familien ist." Wir stimmen der Auffassung zu, daß "der exakte wissenschaftliche Nachweis der Wirkung von Wohnungsbedingungen auf die Sozialisationsergebnisse bisher nicht erbracht worden ist."

Andererseits hat eine Reihe von Untersuchungen den Zusammenhang zwischen ungünstigen Wohnverhältnissen verbunden mit verminderter Intelligenz- und Schulleistung und erhöhter Morbiditäts- und Delinquenzrate im Kindes- und Jugendalter nachgewiesen (KEMMER, 1967; PINKERT, 1972; ENGER, 1967; WILNER et al., 1962).

Und es wird einer Mutter bei der Co-Therapie sehr schwer fallen, ihr Kind eine Zeitlang systematisch nach verhaltenstherapeutischen Prinzipien zu behandeln, wenn in beengten Räumen mehrere Kinder zu erziehen sind und vielleicht ein Großelternteil andersgerichtete Erziehungspraktiken entgegensetzt.

Die finanzielle Situation der Familie: Nach Meinung der Mütter sind die materiellen Probleme in der Familie vorrangig, wobei von 52,9% der Mütter "Geldprobleme" angegeben werden. In den Familien mit dem niedrigsten pro-Kopf-Einkommen (unter DM 400,-- pro Kopf) machen sich sogar 61,6% der Mütter finanzielle Sorgen (Familie und Sozialisation, 1973). In den einkommensschwachen Familien ist die Wohnungsnot am größten und davon ist wiederum neben der "jungen" Familie und der unvollständigen Familie gerade auch die kinderreiche Familie betroffen.

Indessen ist der Zusammenhang von wirtschaftlicher Situation und Morbidität und Schulbildung der Kinder auffällig (WILNER et al., 1962; BAUR, 1972). Wir müssen also auch hier von schlechten Sozialisationsbedingungen ausgehen, die eine Mitarbeit der Eltern bei der Therapie des Kindes behindern. Die schlechte finanzielle Situation zwingt die Mütter zur Ausübung eines Berufs, sie können sich weniger um die Familie kümmern und sind durch Berufs- und Hausarbeit doppelt belastet.
Eine wohlhabende Familie kann sich leichter Bedingungen schaffen, die der Mutter Zeit und Mittel geben, sich besonders um ihr Kind zu kümmern. Ein Dienstmädchen, eine Putzfrau, die geeignete Ausstattung des Haushalts usw. können eine Mutter entscheidend entlasten.
Bei einem Training von Müttern geistig behinderter Kinder fiel eine Mutter durch eine außergewöhnlich hohe Strafrate auf. Die Mutter verteilte "Watschen", kritisierte ständig, fand kaum lobende Worte, sie verhielt sich inkonsequent, ungeduldig und aggressiv gegenüber dem behinderten Kind. "Das Verhalten der Mutter konnte nur auf dem Hintergrund ihrer aktuellen sozialen und ökonomischen Verhältnisse verstanden werden. Sie

selbst war einer Serie inkontingenter Bestrafungen ausgesetzt:
plötzlicher Tod des Ehemannes, hohe Schuldenlast, plötzliche
Verarmung mit dem Tod des Ehemannes, gerichtliche Prozesse
wegen der Hausfinanzierung. Dies erklärte die übermäßige Gespanntheit, Unruhe und Gereiztheit der Mutter, was sich in
Ungeduld, Bestrafung und mangelhafter Einstellung auf die Bedürfnisse der Kinder niederschlug. Die gesamte Trainings-
arbeit mußte konzentriert sein auf die außerordentlich kritische sozio-ökonomische Situation der Mutter. Ohne einen Abbau der psychischen Belastung war eine Verhaltensänderung der
Mutter nicht zu erwarten" (WARNKE, 1976).

Größe der Familie: Die Kinderzahl bedeutet nicht allein ver-
stärkte materielle Belastung. Sie beeinflußt auch direkt das
Erzieherverhalten der Eltern, wobei in großen Familien häufiger Unterordnung und Konformität der Kinder beobachtet wird.
Kinder in kleinen Familien sind im allgemeinen leistungs-
motivierter, denn die Eltern sind mehr in der Lage, die Eigen-
ständigkeit der Kinder und Konkurrenz unter ihnen zu verkraften (CLAUSEN, 1966; HECKHAUSEN, 1972).

Der meßbare Intelligenzquotient soll bei Kindern aus größeren
Familien durchschnittlich geringer sein als bei Kindern aus
kleineren Familien. In Mehrkinderfamilien finden sich häufiger
nicht schulreife Kinder bei konstantem sozialen Status
(MÜLLER, 1967). Der Wohnindex (Räume pro Person) erwies sich
gelegentlich als genauerer Indikator für die Intelligenz
als die soziale Schicht (LEHR und BONN, 1974). In beengten
Wohnungen neigen Eltern eher zu handgreiflichem, restriktiven
Erzieherverhalten, gleichzeitig kommt es leichter zu innerfamiliären Konflikten (BAUMANN und ZINN, 1973).

BOSSARD und BOLL (1960) haben die Auswirkung der Familien-
größe auf die Entwicklung des Kindes besonders untersucht.

1.4.5. Außerfamiliäre Bedingungen der Motivation zur Co-Therapie

Das Wohnmilieu außerhalb der Familie: Die Umgebung, in der Eltern Erziehungsarbeit zu leisten haben, beeinflußt die Sozialisation des Kindes (BAUMANN und ZINN, 1973; HERLYN, 1970). Bei den Diskussionen mit Eltern im Training wird immer wieder beklagt, wie schwierig es oft bei Wohnungen in großstädtischem Milieu ist, das Kind nicht ständig mit Verboten und Strafen und ängstlicher Überbesorgtheit erziehen zu müssen.

"Fast ein Drittel der Kinder in der Bundesrepublik (29 Prozent) ist gezwungen, auf der Straße zu spielen" (BLEUEL, 1973). Der Therapeut, der zur Selbständigkeitserziehung des Kindes rät, das Kind seine Wege mehr allein gehen zu lassen, wird die Mutter noch mehr verängstigen. Sie kann mit dem Rat nichts anfangen, wenn sie weiß: "Jeder achte Verkehrsunfall von Kindern und Jugendlichen - das sind also etwa 8000 ... (pro Jahr) entsteht durch Spielen auf der Straße" (BLEUEL, 1973).

Eltern ist leicht zu raten, ihr Kind weniger mit Verboten und Vorschriften und Strafen zu erziehen - nur kann der Rat solange nicht befolgt werden, als andere sie wiederum dafür bestrafen (mit Kündigungsdrohung, Strafanzeige, Ordnungsbescheiden usw.), daß sie dem Kind nicht alles untersagen, was die gesellschaftliche Umwelt verbietet. Manche Familien leben unter Bedingungen wie die, welche ihnen die Hausordnung einer Münchener Versicherungsgesellschaft aus dem Jahr 1969 auferlegt: "Halten sie ihre Kinder an, sich ruhig zu verhalten. An Sonn- und Feiertagen ist die Benützung der Spielplätze nicht gestattet. Die Nichtbeachtung dieser Bestimmungen berechtigt uns ggfs. von unserem Kündigungsrecht Gebrauch zu machen. Das Betreten der Rasenflächen ist verboten. Ebenso Ballspielen, Radfahren und Rollschuhlaufen" (BLEUEL, S. 56, 1973). Erziehung unter solchen Bedingungen heißt Aufsicht darüber zu führen, daß die Kinder sich kinderfeindlichen Regelungen unterwerfen! Mißachtet eine Erziehungsberatung oder Therapie diese Zwänge, so kann sich die Co-Therapie für Eltern nicht lohnen.

Das Angebot therapeutischer Hilfen: Der persönliche Einsatz
der Eltern für die Therapie des Kindes muß im Zusammenhang mit
den Alternativlösungen gesehen werden, die sich den Eltern
anbieten. Die Co-Therapie der Eltern ist nur eine Möglichkeit
unter anderen, das Problem zu bewältigen. So bieten sich
z.B. die Therapie durch einen Therapeuten an, die stationäre
oder ambulante Behandlung in einer Klinik oder einem Heim.
Freigabe des Kindes zur Adoption und Unterbringung in Pflege-
stellen.
Eine Gefahr für die Kooperativität der Eltern kann die Hilfe
durch öffentliche Institutionen werden. Die zeitweise Heraus-
nahme des Kindes aus der Familie zur Behandlung in der Klinik
befreit die Eltern häufig von Belastungen. Der plötzliche Weg-
fall einer Reihe von Strafen bringt den Eltern den Leidensdruck zum Bewußtsein, gleichzeitig machen sie während der Ab-
wesenheit des Kindes keine positiven Erfahrungen mit ihm.
Daher löst sich oft die Bindung der Eltern zum Kind, und sie
weigern sich, es wieder zurück in die Familie zu nehmen. Ist
es zudem in einer Gesellschaft "üblich" (u.a. weil es be-
lohnt wird: die Mutter kann u.U. einen Beruf ergreifen, ihren
Lebensstandard verbessern, sie erfährt weniger Diskriminierung
usw.), daß verhaltensgestörte und behinderte Kinder in ein
Heim kommen, wodurch die Eltern von der Erziehungsaufgabe ent-
bunden werden, so wird auch die engagierte Mutter verunsi-
chert, wenn sie das Kind unter großen Mühen in der Familie
aufzieht. Diese Einflüsse werden sicherlich die Co-Therapie
einer Mutter nicht fördern. Allerdings kann der Wunsch der
Mutter, das Kind in ein Heim zu geben, in manchen Fällen berechtigt sein, und der Therapeut muß sich fragen ob Nichtkooperativität solche Notlage indiziert: "... andererseits
gibt es Kinder, die daheim nicht tragbar sind. Ihr Zustand
ist so, daß sie die gesamten Kräfte der Mutter aufbrauchen.
Die Geschwister kommen dann zu kurz, die Ehegemeinschaft
lockert sich. Wenn das Familienleben unter der immerwährenden
Anwesenheit des Gebrechlichen leidet, so ist dessen Einwei-
sung in ein Kinderheim für beide Teile besser" (EGG, 1965,
S. 67).

Auch die Sonderschule, zu der die Kinder von zu Hause abge-
holt werden und wo sie nach der Schule im schuleigenen Hort
bis zum Abend bleiben können, kann sich nachteilig auf die
Bereitwilligkeit zur Teilnahme an einem Training zur Verhaltenstherapie auswirken.

In der Studie von SCHULZE et al. (1974) weigerten sich mehrere
Eltern, am Training teilzunehmen, mit der Entschuldigung, das
Kind sei in der Sonderschule gut versorgt. Daher kommt es vor,
daß Eltern die Kinder nicht aus der Sonderschule herausnehmen,
auch wenn es von der Schule empfohlen wird (KREBS, 1974).
Die Einführung eines Schulbusses, der es überflüssig macht,
daß Eltern ihre Kinder täglich zur Schule bringen, hatte in
der Schule für geistig Behinderte, in der wir unsere empirische
Untersuchung durchführten, den bedauerlichen Nebeneffekt, daß
der Kontakt zwischen Eltern und Lehrer in vielen Fällen seltener wurde. In der Kinderstation des Max-Planck-Instituts für
Psychiatrie in München ist man dazu übergegangen, die Kinder
an den Wochenenden nach Hause zu geben. Dies geschieht nicht
nur aus therapeutischen Erwägungen, sondern auch deshalb, um
die Eltern in Kontakt mit der Klinik zu halten (die Eltern
holen die Kinder ab und bringen sie auf die Station zurück).

Entfernung der Wohnung vom Therapiezentrum: Je länger die An-
fahrtsstrecke zum Therapiezentrum ist, desto größer ist auch
der Zeitaufwand für die Eltern. In der Großstadt, in der die
therapeutische Versorgung dichter und besser organisiert
ist als in ländlichen Gebieten, ist die Information der Eltern
besser. Zu einem Elterntraining, das der Therapie prädelinquenten Verhaltens galt, wählte PATTERSON (1971a) nur solche
Familien aus, die nicht weiter als 20 Fahrminuten vom Labo-
ratorium entfernt wohnten. Offenbar wird angenommen, daß die
Entfernung des Wohnortes von der Klinik die Zusammenarbeit
der Eltern mit dem Therapeuten behindert.

Zusammenfassung
Die Phänomenologie des Problemfeldes bietet ein weites Spektrum an Variablen, die als Bedingungen für Kooperativität
in Frage kommen. Teils liegen sie in den aktuellen Bedingungen

der Elternarbeit, teils sind sie dem Training vorgelagert.
Aber fast ausschließlich lassen sie sich auf Umweltbedin-
gungen der Eltern zurückführen, selbst dort, wo sie als
Eigenschaften der Person dargestellt werden, wie z.B. bei der
Einstellung dem Kind gegenüber. Auf diese Phänomenologie
baut unsere Feldstudie auf, sie versucht, die verschiedenen
Variablen zu messen und miteinander in Beziehung zu bringen.

2. Fragestellung und Konzept der empirischen Untersuchung

2.1. Der Ausgangspunkt und das Problemfeld der Arbeit

Halten wir das Ergebnis des bisherigen Überblicks fest, so
ergibt sich der Ausgangspunkt unserer Untersuchung:
1. Die Zusammenarbeit des Kindertherapeuten oder des Sonder-
   schullehrers mit den Eltern des Kindes eröffnet neue Möglichkeiten der pädagogisch-therapeutischen Förderung des
   verhaltensgestörten und behinderten Kindes.
2. Zum Inhalt dieser Zusammenarbeit, nämlich zu dem, was den
   Eltern an pädagogisch-therapeutischen Fertigkeiten und
   Kenntnissen vermittelt werden muß, liegen heute eine Viel-
   zahl von Erkenntnissen und brauchbaren Modellen vor.
3. Immer mehr schälen sich die Zusammenarbeit und die genaue
   Durchführung der erzieherisch-therapeutischen Maßnahmen
   über einen langen Zeitraum als das zentrale Problem heraus.

Daraus ergibt sich das übergeordnete Problemfeld, an dem die
Fragestellung unserer empirischen Untersuchung ansetzt:
Was bestimmt das Engagement und die Fähigkeit der Eltern, an
der therapeutisch-heilpädagogischen Förderung des Kindes teil-
zunehmen? Von welchen Faktoren hängt die Zusammenarbeit der
Eltern mit dem Therapeuten oder Sonderschullehrer bei der
Förderung des therapiebedürftigen Kindes ab?

2.2. Spezielle Fragestellung und Anliegen der Arbeit

Aus der Phänomenologie des Problemfeldes können wir das Varia-
blengeflecht, mit dem wir es bei dieser Fragestellung zu tun
haben, noch etwas genauer strukturieren. Auf Seite der abhän-

gigen Variablen haben wir differenziert zwischen den drei
Bereichen:
1. Mitarbeit der Eltern bei der Sammlung der Information und
   der Diagnosestellung;
2. Mitarbeit während des Trainings oder der Phase der direkten Zusammenarbeit zwischen Therapeuten und Eltern, und
3. Weiterführung des Programms nach der direkten Intervention
   des Therapeuten.

Auch auf der Seite der unabhängigen Variablen können wir drei
Gruppen unterscheiden:
1. Variablen, die auf seiten der Eltern vorgegeben sind, unab-
   hägig von der jeweiligen Durchführung der Intervention;
2. Variablen, die im Prozeß der Durchführung liegen und je
   nach Art der Intervention verschieden sind;
3. Variablen, die die verschiedenen Therapeuten und Sonderschullehrer voneinander trennen und die unabhängig von den
   beiden erstgenannten Gruppen bestehen.
Die Isolation dieser Variablengruppen bedeutet nicht, daß wir
sie als voneinander unabhängig betrachten; im Gegenteil, es
bestehen zwischen ihnen im konkreten Falle verschiedene Inter-
aktionsmöglichkeiten, auf die wir jedoch an dieser Stelle
nicht näher eingehen können.

Um die Fragestellung dieser Arbeit zu konkretisieren und ihre
Begrenztheit aufzuzeigen, wollen wir das Variablengefüge im
Schema 5 darstellen.

Mit Hilfe von Schema 5 lassen sich drei voneinander relativ
unabhängige Fragenbereiche formulieren:
Erstens die Abhängigkeit von Bedingungen, die die Familie mitbringt und die dem Therapeuten vorgegeben sind; zweitens die
Frage nach der wechselseitigen Abhängigkeit des Verhaltens der
Eltern und des Verhaltens des Therapeuten während der Zusammenarbeit; drittens die Abhängigkeit von Bedingungen, die
der Therapeut mitbringt und die den Eltern vorgegeben sind.

Die Bedeutung aller drei Bedingungsfaktoren ist unbestritten,
und die vorhergehenden Kapitel haben deutlich gemacht, wie

Schema 5. Aufschlüsselung der Variablengruppen von Kooperativität und ihren Bedingungen

Kooperativität im therapeutischen Prozeß / Bedingungsfaktoren	Während der Phase der Informationssammlung und Diagnosestellung	Während der Phase der Einweisung der Eltern in die pädagogischen und therapeutischen Fertigkeiten	Während der Phase nach Einweisung und Therapieanleitung der Eltern
Bedingungsfaktoren auf seiten der Eltern	z.B. 1. Persönlichkeitsvariable (Geschlecht, Intelligenz etc.) 2. Variable des sozialen Kontextes (Interaktionsmuster; familiär und außerfamiliär) 3. Sozioökonomische Variable (wirtschaftliche Lage etc.; familiär und außerfamiliär)		
Bedingungsfaktoren, die in der Art der Durchführung oder Gestaltung der Zusammenarbeit liegen (Therapiebedingungen)	z.B. 1. Ökonomie (Zeit und Kosten) 2. Inhalt (Theorienvermittlung, spez. Kindprobleme) 3. Niveau (wissenschaftl. theoret. Handlungsebene) 4. Methode (Vortrag, Beratung, Training, Einzel- oder Gruppenbehandlung) 5. Theorie (Verhaltens-, Psycho-, Sprachtherapie) 6. Ort (zuhause, Beratungsstelle, Klinik, Schule)		
Bedingungsfaktoren, die auf seiten des Therapeuten und des Sonderschullehrers liegen und die unabhängig von der Zusammenarbeit bestehen (Variablen des Therapeuten)	z.B. 1. Persönlichkeit (Alter, Geschlecht, Beruf und Titel, persönliche Ausstrahlung) 2. Individuelle sozioökonomische Lage (Familienstand, Prestige, familiäre Bedingungen) 3. Politische Zwänge und Möglichkeiten (Arbeitsbedingungen, soziale Sicherung) Schichtvariablen 4. Institutionelle Bedingungen (Beratungsstelle, Klinik, Forschungslabor, Schule) 5. Zielsetzung (therapeutisch, wissenschaftlich, Karriere, Profit, politische Ziele) 6. Fachliches Können und Engagement		

eng die Bereiche miteinander verknüpft sind, so daß eine Ab-
grenzung nur theoretisch möglich ist. Wir waren jedoch aus
ökonomischen, rein pragmatischen Gründen zu einer Aufspaltung
der Bedingungsfaktoren gezwungen und haben die Fragestellung
auf das Problemfeld der Eltern begrenzt. Dies haben wir künst-
lich dadurch zu erreichen versucht, daß wir die Faktoren der
Therapie und des Therapeuten (Zeile 2 und 3 in Schema 5) als
Konstanten behandelten.

Wir haben uns also in der empirischen Untersuchung auf den
ersten Fragenkomplex beschränkt, so daß die spezifische Fragestellung dieser Arbeit lautet:

Welche Variablen *seitens der Eltern* und ihres Milieus sind
Bedingungen oder Indikatoren für eine motivierte und effektive Co-Therapie der Eltern? Unabhängig von den Therapie-
bedingungen fragen wir: Was motiviert Eltern oder hindert sie
daran, in Zusammenarbeit mit Therapeut oder Pädagogen sich
für die therapeutisch-erzieherische Förderung des verhaltensgestörten und geistig behinderten Kindes einzusetzen?

2.3. Theoretischer Standort und das Modell der therapeutischen Kooperation

Wir gehen von der Theorie des behavioristischen Lernmodells
aus: Bei konsequenter Durchführung ergibt sich folgendes Bild:
1. Die Zusammenarbeit der Eltern ist von einer Reihe aktueller Umweltfaktoren abhängig, die wir in zwei Gruppen
   gliedern können:
   a) die Gruppe der Ereignisse, die dem Verhalten unmittelbar
      vorausgeht. Hierher gehören Behinderungen und Hilfen,
      Signalreize und konditionierte Auslöser von Verhalten;
   b) die Gruppe der Ereignisse, die dem Verhalten unmittelbar
      nachfolgt. Hierher gehören positive Bekräftigung und
      Strafe sowie die Ausschaltung solcher Ereignisse.
2. Dieser Gruppe aktueller Faktoren sind andere Variablen vorgelagert, die vermutlich nicht direkt im Zusammenhang mit
   dem Verhalten stehen, aber von denen das Wirksamwerden der

aktuellen Faktoren abhängt. Hierher gehören die sozio-
ökonomischen Variablen und die Persönlichkeitsvariablen
sowie die Lerngeschichte des betreffenden Menschen.

Diese Variablen werden in Schema 6 aufgegliedert:

Schema 6. Darstellung der Variablen, die auf seiten der
Eltern die Zusammenarbeit bedingen

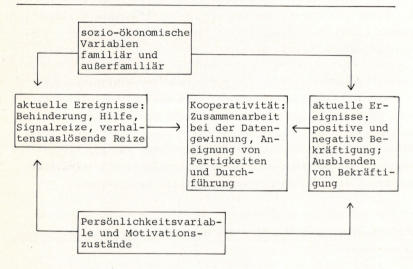

2.4. Rechtfertigung der Gliederung im Modell

Einteilungen sind vom einzuteilenden Objekt aus gesehen immer
mehr oder weniger willkürlich und daher problematisch. So muß
immer wieder deutlich gemacht werden, daß wir nicht einteilen,
um den Gegenstand abzubilden, sondern um eine Aufgabe besser
zu bewältigen. Von daher wird die Gliederung verständlich.
Außerdem tauchen auch meßtechnischer Fragen auf. Auf der einen
Seite liegen uns sozio-ökonomische Variablen vor, die mit
Hilfe eines Fragebogens gut erfaßbar sind. Auf der anderen
Seite des Spektrums haben wir Variablen, die gewöhnlich als
"Eigenschaften" der Person bezeichnet werden, und auch dafür
stand uns ein standardisiertes Meßinstrument zur Verfügung.

Beide Gruppen umfassen Variablen, die vom Abstraktionsgrad
aus betrachtet auf einer anderen Ebene liegen als die aktuellen Umweltsereignisse, die im wesentlichen Verhaltens-
variable beinhalten und die wir Variablen des sozialen Kontextes nennen. Diese stellen die dritte Gruppe von Variablen
dar. Da wir sie nicht durch direkte Verhaltensbeobachtung erfassen konnten - ein solches Verfahren wäre rein ökonomisch
nicht durchführbar gewesen -, sondern darauf angewiesen waren,
sie indirekt über die Aussagen der Betroffenen zu erfragen,
ließen sie sich nur unscharf von den Persönlichkeitsvariablen
trennen.
Auch hinsichtlich der sozio-ökonomischen Variablen gab es
Überschneidungen, wenn auch in anderer Weise. Der unmittelbare
Grund für eine Mutter, nicht zum vereinbarten Termin zu erscheinen, mag darin liegen, daß sie niemanden gefunden hat,
der auf die beiden anderen Kinder aufpaßt. Aber diese aktuelle Behinderung schlägt sich auch direkt in den sozio-
ökonomischen Variablen nieder (Anzahl der Kinder, Einkommen,
Vollständigkeit der Familie). An diesem Fall wird die Inter-
dependenz der einzelnen Gruppen deutlich und ebenso die Gefahr eines ständigen Mißverständnisses durch die Simplifi-
zierung der Gruppeneinteilung. Wenn wir also Aussagen machen,
die auf dieser Einteilung basieren, so wird man sich die
Operationalisierung dieser Gruppe von Variablen immer mit-
denken müssen, um die Aussage entsprechend zu relativieren.

Der empirische Teil dieser Arbeit soll noch ein anderes Verständnis des Problems widerspiegeln, als wir es heute, nicht
zuletzt aufgrund dieser Arbeit, gewonnen haben. Im Reflek-
tieren der Literatur erschien es uns anfangs sinnvoll zu
untersuchen, welche statistischen Beziehungen sich zu den
drei Gruppen von Variablen nachweisen lassen. Wir verbanden
mit der Untersuchung auch keine andere Absicht, als ein
Problem strukturieren und Ansätze für eine gezieltere Hypo-
thesenbildung gewinnen zu wollen.
Das Ungenügen der Arbeit sehen wir heute vor allem in der
Messung der Verhaltensvariablen (Variablen des sozialen Kontextes). Diese Gruppe von Variablen läßt sich nicht nur
schwer von den beiden anderen Gruppen abgrenzen, sie ist auch

schwer zu interpretieren. Sicherlich ist sie nicht mit der
Variablengruppe "aktuelle Ereignisse" vom Schema 6 identisch.
Trotzdem glauben wir, daß sich in ihr Indikatoren für die
Verhaltensvariablen widerspiegeln.
Diese kritische Anmerkung zur Durchführung der Untersuchung
erscheint uns notwendig, um eventuellen Mißverständnissen
vorzubeugen.

Zusammenfassung
Zusammenfassend kann mann Anliegen und Vorgehensweise dieser
Untersuchung wie folgt charakterisieren:
Anknüpfend an eine Literaturanalyse und eine phänomenologische
Beschreibung des Problemfeldes sollte versucht werden, einen
statistischen Zusammenhang zwischen der therapeutischen Koope-
rativität von Eltern und ihren sozio-ökonomischen Persönlich-
keits- und Verhaltensvariablen nachzuweisen.

Die Daten sollten in einer Weise verarbeitet werden, daß sich
daraus Hypothesen über die Art der Abhängigkeit aufstellen
lassen und somit Methoden entwickelt werden können, die mangelnde Kooperativität abbauen.

3. Der Begriff der Kooperativität und die Kooperationskalen

In diesem Abschnitt wollen wir den Begriff Kooperativität, die abhängige Variable, definieren und angeben, wie wir ihn operationalisiert haben.

3.1. Der Begriff Kooperativität

Um den Begriff richtig zu verstehen, müssen wir uns dem "Lebenszusammenhang" zuwenden, in dem wir von Kooperativität sprechen. Wir verwenden den Begriff im Rahmen von Überlegungen, ob bei einer bestimmten Familie ein Elterntraining indiziert ist, oder allgemeiner, ob man den Eltern therapeutische Aufgaben übertragen kann. Der Begriff wird ebenso bei Überlegungen angewandt, wie unkooperativem Verhalten von Eltern begegnet und wie Nichtkooperativität verhindert werden kann.

Es ergeben sich zwei Gruppen von Verhaltensweisen. Einmal haben wir eine Mutter, die als unkooperativ beurteilt wird, weil sie - selbst bei bestem Willen - nicht fähig ist, therapeutische Aufgaben am Kind zu übernehmen. Sie ist selbst verhaltensgestört und lernunfähig; sie kann nicht systematisch beobachten und Spannungen schlecht ertragen; sie hat wenig Einfälle, wie sie dem Kind helfen kann; sie ist unsicher und traut sich nicht zu, das Kind allein zu erziehen. Diese Gruppe von Verhaltensweisen fassen wir unter dem Stichwort "Fähigkeit zu Kooperation" zusammen.

Einer anderen Mutter wiederum traut man die Übernahme cotherapeutischer Aufgaben gern zu, sie läßt jedoch den Einsatz

vermissen und ist deshalb unkooperativ. Sie hält Termine nicht
ein oder kommt zu spät, sie kümmert sich zeitlich nicht ausreichend um ihr Kind, sie bricht den Kontakt zum Therapeuten
ab; sie hält sich nicht an Abmachungen, führt beschlossene
Maßnahmen nicht durch oder ändert sie willkürlich ab; sie
nimmt keine Kritik an und ist sehr anspruchsvoll; sie kritisiert in unfreundlicher Weise den Therapeuten, macht ihn für
den schlechten Erfolg verantwortlich und äußert, wie lästig
ihr die Mitarbeit fällt. Diese Gruppe von Verhaltensweisen
fassen wir unter dem Stichwort "erzieherisches Engagement" zusammen.

Der Begriff Kooperativität, wie wir ihn verwenden, ist über
eine Reihe von beobachtbaren Verhaltensweisen definiert, also
kein logisches Konstrukt.

Die Operationalisierung des Begriffes bereitete große Schwierigkeiten. Die überzeugendste Methode wäre die Erfassung der
Kooperativität durch systematische Beobachtung gewesen. Sie
ließ sich aber aus ökonomischen Gründen nicht durchführen. So
sahen wir uns gezwungen, auf eine Alternativlösung auszuweichen und versuchten dabei, zwei Schätzskalen zu entwickeln:
eine Skala, mit der die Verhaltensweisen erfaßt werden sollten,
die der "Fähigkeit zu Kooperation" zugeordnet werden, und
eine zweite Skala, die die Verhaltensweisen repräsentiert, die
dem "erzieherischen Engagement" zugeordnet werden. Nach diesen
beiden Skalen sollten die Eltern von dem Therapeuten beurteilt
werden, der bei der Förderung ihres Kindes mit ihnen zusammen-
gearbeitet hatte.
Die Wahl eines ausgesprochenen subjektiven Meßinstruments läßt
sich sachlich rechtfertigen. Wir müssen dabei wiederum vom
Lebenszusammenhang ausgehen, in dem der Begriff begründet ist.
Kommt ein Psychologe, Lehrer oder sonstiger Erziehungspartner
nach längerer Zeit der versuchten Zusammenarbeit mit den
Eltern zur Feststellung: "Mit diesen Eltern kann und will ich
nicht mehr zusammenarbeiten!", so sehen wir darin das letzt-
gültige Kriterium für Nichtkooperativität. Damit müssen wir
jedoch bei der Operationalisierung neben den beobachtbaren
Verhaltensweisen auch die subjektive Wahrnehmung durch den

Partner erfassen. Die subjektive Wahrnehmung der "unkooperativen Verhaltensweisen" durch den Therapeuten ist mit entscheidend für das Scheitern der Zusammenarbeit. Wir können
somit sagen: "Kooperativität" stellt als Kriterium für die
Mitarbeit der Eltern subjektiv wahrgenommene Verhaltensweisen
der Eltern durch den Therapeuten, den Sonderschullehrer, den
Heilpädagogen usw. dar. Unter diesem Gesichtspunkt ist die subjektive Einschätzung der Kooperativität durch den Therapeuten
ihr objektives Maß.

3.2. Die Kooperativitätsskala zur Erfassung der erzieherischen Fähigkeit (Koop 1)

Die Kooperativitätsskale zur Erfassung der erzieherischen
Fähigkeiten wurde empirisch nach der Methode der "gleichen
Intervalle" entwickelt. Bei der Entwicklung orientierten wir
uns an den Angaben von SIXTL (1967), der die Methode be-
schreibt. Aus Platzmangel können wir hier auf die Entwicklung
dieser Skala nur kurz eingehen. Nähere Angaben darüber finden
sich in einer Arbeit von WARNKE (1973).

Als Eichstichprobe haben 23 Beurteiler 30 vorgegebene Items
jeweils einem Kooperativitätsgrad zwischen 1 (unkooperativ)
und 7 (sehr kooperativ) zugeordnet, den die Items nach Meinung
der Beurteiler repräsentierten. Nach dieser Einschätzung
wurde für jede der 30 Aussagen Median und Semiinterquartilbe-
reich berechnet. Fünf Items wurden nach Maßgabe von Median
und Semiinterquartilwert für die Skala ausgelesen und zur Kooperativitätsskala 1 (Koop 1) vereint. In Tabelle 5 stellen
wir die Items mit Median und Semiinterquartilwerten dar.

In Abbildung 3 stellen wir die Mediane und Semiinterquartil-
werte graphisch dar, um zu veranschaulichen, wie die einzelnen
Items die Skala repräsentieren.

Die Abbildung veranschaulicht die Lage der Skalenitems auf der
Dimension "nicht kooperativ" bis "sehr kooperativ". Die Semi-

Tabelle 5. Kooperativitätsskala 1 (Koop 1)

Koopera- tivitäts- grad	Items	Median	Semi- Interq.	
1	Sämtliche Vorschläge prallen von dieser Frau ab wie von einer Wand.	1,08	0,29	
2	Bei der Zusammenarbeit mit dieser Frau kommt nicht viel heraus.	1,96	0,41	un- koope- rativ
3	Diese Frau zeigt sich durchaus gutwillig, ist aber nicht sehr zuverlässig.	3,70	0,76	
4	Dieser Frau kann man gut Anregungen und An- leitungen geben.	5,85	0,49	
5	Jeder Erzieher könnte dieser Frau bedenken- los Erziehungsaufgaben übertragen.	6,82	0,36	koope- rativ

Die Ziffern vor den Skalenitems bezeichnen den Rang der Kooperativität des zugehörigen Skalenitems (bzw. Medianrings). Je höher die Ziffer, umso höher die Kooperativität.

interquartilwerte der Items überschneiden sich nicht, wodurch ihre Trennschärfe verbildlicht wird.

Verkürzung der Skala auf zwei Werte: Wie sich die Gesamtheit der Lehrerurteile (N = 342) in der Untersuchung auf die ein- zelnen Skalenitems (Kooperativitätsgrade) verteilt, wird in Tabelle 6 dargestellt.

Nach dieser Verteilung der Rohdaten erschien es uns ratsam, die Skalen auf zwei Werte "kooperativ - unkooperativ" zu ver- kürzen. Diese Umwandlung der fünfstelligen Skala in eine zweistellige wird auch vom Ziel der Untersuchung gestützt, nämlich die Bedingungen von Unkooperativität zu untersuchen, nicht aber zu differenzieren nach verschiedenen Formen der Unkooperativität. Die Zusammenfassung der ersten drei Items zur Gruppe der unkooperativen geschah nach statistischen Erwägungen (der Modalwert liegt bei Skalengrad 4; der Median beträgt 3,65 und zwischen Skalengrad 3 und 4 liegt der größte

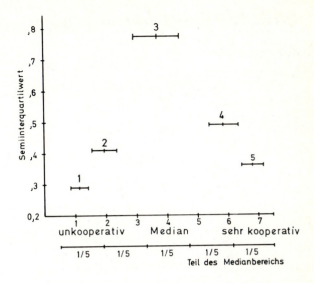

Abb. 3. Die Ziffern im Koordinatenfeld entsprechen ihrem
Skalengrad (Medianrang). Die den Itemziffern zugeordneten
Strecken veranschaulichen den zugehörigen Semiinterquartil-
bereich

Gradabstand mit 2,15) und nach psychologischen Erwägungen
(die Ausfallquote liegt bei verschiedenen Untersuchungen bei
einem Drittel der Stichprobe; inhaltliche Aussage der Items).

3.3. Die Kooperativitätsskala zur Erfassung des erzieherischen Engagements (Koop 2)

Die zweite Skala wurde in Zusammenarbeit mit dem Leiter der
Sonderschule konstruiert. Damit sollte gewährleistet werden,
daß Koop 2 Kooperativität in Begriffen operationalisiert,
mit denen üblicherweise die Mitarbeit der Eltern von den
Lehrern dieser spezifischen Sonderschule, an der unsere Untersuchung durchgeführt wurde, beschrieben wird.

Tabelle 6. Verteilung der Lehrerurteile auf die Skalenitems
bei Koop 1

Koop-Skalen-grad	Items	Häufig-keit	Koop-kategorie
1	Sämtliche Vorschläge prallen von dieser Frau ab wie von einer Wand	7	
2	Bei der Zusammenarbeit mit dieser Frau kommt nicht viel heraus	71	unkooperativ
3	Diese Frau zeigt sich durchaus gutwillig, ist aber nicht sehr zuverlässig	72	
4	Dieser Frau kann man gut Anregungen und Anleitungen geben	147	kooperativ
5	Jeder Erzieher könnte dieser Frau bedenkenlos Erziehungsaufgaben übertragen	45	
	Summe der Urteile	342	

Auch diese Schätzskala differenziert Kooperativität in fünf

Skalenwerten, wie Tabelle 7 zeigt.

Tabelle 7. Kooperativitätsskala 2 (Koop 2)

	Die Mutter ...	
- stört oder behindert die Arbeit des Lehrers	(1)	
- ist nicht an Zusammenarbeit interessiert	(2)	unkooperativ
- ist nur sporadisch zur Zusammenarbeit bereit	(3)	
- ist interessiert ohne besonderes Engagement	(4)	kooperativ
- ist sehr bemüht und opferbereit	(5)	

Skalenitems von sehr unkooperativ (1) bis sehr kooperativ
(5) zur Erfassung des erzieherischen Engagements.

Die jeweiligen Ziffern, die den einzelnen Items zugeordnet

sind, bezeichnen den postulierten - nicht wie bei Koop 1 den

empirisch ermittelten Kooperativitätsgrad des zugehörigen
Skalenitems. Je höher die Ziffer, desto höher der postulierte
Kooperativitätsgrad.

Verkürzung der Skala auf zwei Werte: Die Verteilung der Lehrerurteile auf die fünf Skalengrade ergibt ein ähnliches Bild
wie bei Koop 1. In Tabelle 8 ist die Verteilung der absoluten
Häufigkeiten auf die einzelnen Items dargestellt.

Tabelle 8. Verteilung der Lehrerurteile auf die Skalenitems
bei Koop 2

Koop-skalen-wert	Items	Häufig-keit	Koop-kategorie
1	stört oder behindert Arbeit des Lehrers	1	
2	nicht interessiert an Zu-sammenarbeit	44	unkooperativ
3	nur sporadisch zur Zusammen-arbeit bereit	61	
4	interessiert ohne besonderes Engagement	112	kooperativ
5	sehr bemüht und opferbereit	124	
	Summe der Urteile	342	

Auch bei dieser Skala definieren die ersten drei Skalengrade
die Kategorie "Unkooperativität", wobei die Eltern mit dieser
Skala insgesamt positiver beurteilt werden. Dies läßt die
Interpretation zu, daß die Lehrer der Schule für geistig Behinderte das Engagement der Eltern höher einschätzen als
deren Fähigkeit, den Lehrer bei der heilpädagogischen Förderung des Kindes zu unterstützen. Zweifellos signalisiert
dies ein Defizit in der Schulung der Eltern in der Heilpädagogik des behinderten Kindes.

3.4. Vergleich der Skalen

Der Vergleich nach Modal- und Medianwert ergibt:

Der Modal liegt bei Koop 1 auf dem zweithöchsten Kooperativi-
            tätsskalengrad 4;
            bei Koop 2 auf dem höchsten Grad 5;
Der Median beträgt in Koop 1: 3,65
            in Koop 2: 4,16

Eine Gegenüberstellung der Rohdaten zeigt, daß
- in 154 Fällen Mütter nach Koop 2 im Kooperativitätsskalengrad höher eingestuft wurden als nach Koop 2
- in 15 Fällen dagegen Mütter nach Koop 1 höher eingestuft
  wurden als nach Koop 2
- in den restlichen 173 Fällen (insgesamt 342 beurteilte
  Mütter) wurde den Müttern nach beiden Skalen der gleiche
  numerische Kooperativitätsskalengrad zugeordnet.

Demnach ist in Koop 2 der Modal- und Medianwert höher. In 154
von 342 Fällen werden Mütter nach Koop 2 kooperativer eingeschätzt, dagegen nur 15 mal nach Koop 1. Das Ergebnis des Ver-
gleichs interpretieren wir folgendermaßen:
1. Koop 2 definiert die Kooperativität schärfer negativ als
   Koop 1, so daß nach Skala 2 die Mütter unkooperativer eingeschätzt werden als nach Koop 1 (In Koop 1 sind 106
   Mütter unkooperativ, nach Koop 2 jedoch 150 Mütter). Das
   Ergebnis erlaubt auch den Schluß, daß die Fähigkeit der
   Mütter zur Kooperation (Koop 1) geringer eingeschätzt wird
   als ihr Engagement (Koop 2).
2. Die Skalen messen Ähnliches und Verschiedenes. Die Werte
   der Skalen beinhalten gemeinsame und unterschiedliche Faktoren. In 169 Fällen werden Mütter in beiden Skalen verschieden hoch eingestuft; das spricht dafür, daß die Skalen
   verschiedene Faktoren der Kooperativität erfassen.

In 173 Fällen werden Mütter in beiden Skalen mit numerisch
gleichem Skalengrad beurteilt; das spricht dafür, daß die

Kooperativitätsskala gemeinsame Faktoren der Kooperativität
repräsentieren.

Daraus folgt:

1. daß die Korrelation einer Variable in beiden Kooperativitätsskalen zu gleichem Ergebnis führen kann. Eine Variable,
   die mit beiden Skalen gleich signifikant korreliert, korreliert wahrscheinlich mit solchen Faktoren der Kooperativität, die in beiden Skalen gleichermaßen repräsentiert
   sind

2. daß umgekehrt eine Variable mit einer Kooperativitätsskala
   signifikant korrelieren kann, mit der zweiten indessen
   nicht korreliert. Eine Variable, die mit beiden Validitätskriterien unterschiedlich korreliert, repräsentiert wahrscheinlich einen Faktor der Kooperativität, der in der
   einen Skala mehr, in der anderen Skala weniger oder nicht
   repräsentiert ist.

Zusammenfassung:

Es wurde versucht, die abhängige Variable Kooperativität mit
Hilfe von zwei Schätzskalen zu erfassen, wobei wir offen
lassen können, wieweit es sich dabei um Indikatoren für Kooperativität handelt oder um eine direkte Messung.

4. Die Fragebogen der Untersuchung zur Erfassung der unabhängigen Variablen der Kooperativität

Das vermutete Spektrum an unabhängigen Variablen haben wir nach den Gruppen Persönlichkeitsvariablen, Variablen des sozialen Kontextes und sozio-ökonomische Variablen zu ordnen versucht und in drei Fragebögen operationalisiert.

4.1. Der Persönlichkeitsfragebogen zur Extraversion und Neurotischen Tendenz (EN)

Mit dem Fragebogen zur Extraversion und zu Neurotischen Tendenzen (EN) haben wir versucht, Variablen der Persönlichkeit zu messen und in Zusammenhang mit Kooperativität zu bringen. Der verwendete Persönlichkeitsfragebogen ist eine standardisirte Kurzfassung und Umarbeitung des ENNR nach BRENGELMANN und BRENGELMANN (1960). Er befragt Geselligkeit und Risikofreude, Ausgelassenheit usw. (Extraversion) und vegetative Labilität oder emotionale Reaktivität (Neurotische Tendenz) (Siehe Exemplar im Anhang 1).

In den beiden Dimensionen des Fragebogens lag ein Maßstab vor, der, wenn man die Aussagen über die kooperativen bzw. unkooperativen Eltern betrachtet, durchaus ein grober Indikator für kooperative bzw. unkooperative Eltern sein könnte.

4.2. Der Mutterfragebogen (MF). Die Variablen des sozialen Kontextes

Die Gründe für die Verwendung eines Fragebogens zur Erfassung der Variablen des sozialen Kontextes sind die glei-

chen Gründe wie für die Wahl eines Persönlichkeitsfrage-
bogens.

Entwicklung des Fragebogens: Da uns kein geeigneter Fragebogen zur Verfügung stand, haben wir ihn selbst entwickelt
und seine statistischen Eigenschaften durch eine Itemanalyse
beschrieben. Der Fragebogen wurde auf die Stichprobe der
Mütter geistig behinderter Kinder zugeschnitten. Auf den methodischen Werdegang, die Itemkonstruktion, Rohdatenermitt-
lung, Kontrolle der Antworttendenzen usw. können wir hier
nicht eingehen und verweisen auf die Arbeit von WARNKE (1973).

Verwendung des Fragebogens: Der Mutterfragebogen soll als Gesamttest ein standardisierter Indikator für die zu erwartende
Kooperativität einer Mutter bei der Co-Therapie im Elternhaus werden. Dem Gesamttest als Indikator für Kooperativität
werden wir uns in dieser Arbeit nicht zuwenden. Die Betrach-
tung des Testwertes ist belanglos für unsere Frage, Bedingungen oder Indikatoren für Kooperativität aufzuklären.
Zudem ist die Entwicklung des Fragebogens als Gesamttest
nicht abgeschlossen.
Hier interessiert uns nur die Validität der Items, da wird
dadurch Aufschlüsse über die Qualität von kooperativitäts-
relevanten Variablen gewinnen. Im Ergebnisteil gehen wir daher nur auf die Korrelation des einzelnen Items mit den Ko-
operativitätswerten der Mütter ein, die sie nach den Schätzskalen (Koop 1 und Koop 2) erreichen.

Konzept bei der Konstruktion: Der MF ist die Vorform eines
Fragebogens mit gebundener Antwortmöglichkeit. Er enthält
Items der Mutter zu Fragen ihres Erziehungsstils und ihrer
Beziehung zu Kind und Therapeut sowie zu Nachbarschaft und
Familie. Wir nennen die Items "Variablen des sozialen Kon-
textes". Wir sind bei der Konzeption des MF erstens von der
Vorstellung ausgegangen, daß eine Reihe von Beziehungen der
Mutter zum Kind, zur Familie, zur Nachbarschaft und zu den
Therapeuten die Kooperationsmöglichkeiten der Mutter beein-
flussen; zweitens, daß unter dieser Voraussetzung die Be-
ziehungsitems als relevante Indikatoren für Kooperativität

bzw. "Kooperativitätskontext" angesehen und somit auch diag-
nostisch genutzt werden können. Unter "Kooperativitätskontext"
verstehen wir die Summe der Bedingungen, Auslöser, diskriminativen Reize, Verstärker der sozialen Umwelt und der sozialen
Interaktionen der Mutter, die Kooperativität wahrscheinlich
bzw. unwahrscheinlich machen.

4.2.1. Item-Hypothesen und Itemkonzept

Aus der Analyse des Problemfeldes (Kapitel 3) formulierten wir
eine Reihe von Hypothesen über mögliche Bedingungen von Kooperation, die in den sozialen Beziehungen der Mütter geistig
behinderter Kinder liegen. Diese Hypothesen, nach denen die
Items des Fragebogens konstruiert wurden, sollen nun kurz
dargelegt werden, um ein besseres Verständnis des Fragebogens
zu vermitteln. Gleichzeitig geben wir an, in welcher Richtung
Mütter antworten "mußten", damit ihre Antworten als "kooperativ" gewertet wurden. Durch solche Darlegung unserer impli-
zierten Wertungen ist die Einschätzung der Ergebnisse erleichtert. Der vollständige Fragebogen befindet sich im Anhang A.

1. Zuverlässigkeit der Mutter
Items: 37, 49 [a]
Zusammenarbeit setzt ein gewisses Maß an Zuverlässigkeit voraus. Unzuverlässigkeit im Einhalten vereinbarter Termine ist
ein Hauptanlaß (oder Symptom) für das Scheitern der Zusammenarbeit mit Eltern. Die kooperative Mutter wird Wert darauf
legen, Verabredungen einzuhalten und pünktlich zu den vereinbarten Terminen zu erscheinen.
Kooperative Antwort: Bejahung von Pünktlichkeit

2. Empfänglichkeit für Kritik
Items: 30, 41, 53, 58
Bei der Co-Therapie durch die Mutter muß meist ihr Erziehungs-
verhalten korrigiert werden. Dies gelingt nur, wenn die Mutter

---

[a]Die unterstrichenen Items sind die als geeignet ausgelesenen
Items des MF: sie sind ausreichend trennscharf und/oder
valide.

Kritik an ihrem Erziehungsverhalten verträgt, Änderungsvor-
schläge des Therapeuten nicht grundsätzlich ablehnt und wenn
sie fähig ist, Erziehungsvorschläge anzunehmen und auszuführen.
Andererseits darf die Empfänglichkeit für Kritik nicht bedeuten, daß der Erzieher willenlos, passiv und unkritisch Ratschläge akzeptiert und ausführt. Denn nur eine selbständige
Mutter kann sich flexibel auf die wechselnden erzieherischen
Situationen einstellen.
Kooperative Antwort: Antworten, die besagen, daß die Mutter
häufig oder immer für Kritik zugänglich ist, ohne Widerspruch
immer passiv zu akzeptieren.

3. Offenheit der Mutter
Items: 66, 67, 68, 69, 70, 71
Mit der Skala "Offenheit" sollten Items analysiert werden, von
denen wir annehmen, daß sie die "unehrlichen" Mütter identifizieren. Es sind Items, die nach allgemeinen Verhaltensmängeln fragen und die deshalb - wenn man ehrlich ist - bejaht
werden müßten.
Anregung zu den Items gab die Skala "Offenheit" des "Freiburger Persönlichkeitsinventars" (FPI, FAHRENBERG und SELG,
1970). Ihm entstammen die Items 68, 69 und etwas abgeändert
Item 66 (Die Items haben im FPI folgende Nummern: 179, 83,
109).
Nach den Autoren des FPI wird mit den sogenannten Lügenitems
entweder die Bereitschaft zu unverfälschten Antworten oder
eine sekundäre Persönlichkeitseigenschaft erfaßt (EDWARDS,
1964).

Das Einbeziehen von "Lügenitems" zur Rohwertberechnung erschien uns gerechtfertigt, da Kooperativität eine unver-
fälschte Information des Therapeuten durch die Mutter voraus-
setzt. Insofern ist die Skala "Offenheit" als ein Faktor
von Kooperativität interpretierbar.

Die Mutter gibt verschiedene kleine Schwächen zu, die wahrscheinlich jeder hat; dies könnte für eine selbstkritische,

unbekümmerte Haltung der Mutter sprechen, was einer Zusammenarbeit förderlich sein kann.

Kooperative Antwort: Eingeständnis von Verhaltensmängeln, die
sehr wahrscheinlich allen Menschen eigen sind.

*4. Bedeutung, die die Mutter der Erziehung bzw. dem Lernen in
der Genese von Kindverhalten zumißt*
Items: 4, 6, 31, 38, 54
Verhaltenstherapie und Heilpädagogik gehen bei ihrer Arbeit
davon aus, daß das Verhalten des behinderten und verhaltensgestörten Kindes zumindest teilweise eine Funktion des Er-
zieherverhaltens ist. Erziehungsmängel prägen die Behinderung
mit aus.
Wer alles Fehlverhalten dem Organischen zuschreibt, wird ein
Verhaltenstraining des Erziehers nicht sinnvoll finden.

Kooperative Antwort: Antworten, die anerkennen, daß Lernprozesse bei der Genese und für die Therapie des Fehlverhaltens
eine Rolle spielen.

*5. Bedeutung, die die Mutter einer Mitarbeit der Eltern bei
der Therapie des Kindes beimißt*
Items: 9, 10, 16, 22, 23, 24, 43, 44, 50
Diese Items befragen direkt Verhaltensweisen der Mutter, die
sich auf die Zusammenarbeit der Eltern bei dem Therapeuten
beziehen.
Kooperative Antwort: Bejahung, daß die Mitarbeit der Eltern
für die Therapie nützlich sein kann und die Aussage, daß
kein grundsätzlicher Argwohn gegen Therapien bzw. Therapeuten
besteht.

6. Auffassung über Erziehungsliteratur
Items: 34, 61
Im Elterntraining wird den Eltern oft Lektüre gegeben, die
sie in verhaltenstherapeutische Techniken einführen soll.
Die schnelle Wissensaneignung durch ein Lehrbuch erleichtert
die Schulung der Eltern.

Kooperative Antwort: Jede Antwort, mit der das Lesen von Er-
ziehungsschriften nicht kategorisch abgelehnt wird.

7. *Leistungsanspruch der Mutter an das Kind*
Items: 3, 17, 20, 28, 36, 39, 48, 51, 55
Eine effektive Förderung im verhaltentherapeutischen Sinne
setzt beim Erzieher die Bereitschaft voraus, ein Kind zu
fordern. Gerade beim geistig behinderten Kind ist die Gefahr
sehr groß, es zu unterfordern und die Erziehung rein pfle-
gend und bewahrend zu gestalten.

Ist die Mutter nicht positiv zu den Leistungen des Kindes
eingestellt, die bei geistig Behinderten oft sehr bescheiden
sind und deren praktische Relevanz manchmal nicht abgeschätzt
werden kann, wird sie diese Voraussetzung der Verhaltenstherapie nicht bejahen. Dementsprechend ist zu erwarten, daß
sie den Aufforderungen des Therapeuten weniger wahrscheinlich
nachkommt. Zudem wissen wir, daß Leistungsmotivation ein
schichtspezifisches Problem ist und wir in Unterschichtsfamilien mangelnde Kooperation aufgrund mangelnder Leistungsmotivation befürchten müssen.

Kooperative Antwort: Antworten, die anzeigen, daß die Mutter
dem Kinde Leistungen abfordert, ohne das Kind zu überfordern.

8. *Beanspruchung der Mutter durch das Kind*
Items: 15, 33, 52, 59
Co-Therapie bedeutet eine zusätzliche Belastung der Mutter.
Eine Mutter, die ohnehin durch die Erziehungsaufgabe überfordert ist und keine Zeit mehr für sich selbst findet, wird
wahrscheinlich der zusätzlichen Beanspruchung einer Co-Therapie ausweichen.

Kooperative Antwort: Aussagen der Mutter, daß sie durch das
Kind nicht völlig überfordert ist.

9. *Beschützendes Verhalten gegenüber dem Kind*
Items: 7, 11, 18, 19, 25, 42, 45, 46, 56
Zu wenig Sorge einer Mutter um ihr Kind ist ebenso proble-

matisch wie zu viel. BACH (1969) weist deutlich darauf hin,
daß "Erziehungsmangel" und Erziehungsbedrängung" (Überbesorgtheit) die Entwicklung des geistig behinderten Kindes
hemmen können. Wir vermuten, daß es Müttern beider Extreme
schwerfällt, ihr Verhalten zu ändern. Hinzu kommt, daß wir
in der unvollständigen Familie häufig einen überfürsorglichen
Erziehungsstil antreffen oder aber Verwahrlosung beobachten.

Kooperative Antwort: Antworten, die andeuten, daß die Mutter
das Kind weder vernachlässigt noch überbesorgt das Kind in
seinem Verhalten hemmt.

10. Kind als sozialer Verstärker der Mutter
Items: 8, 12, 29, 47, 57
Eine Mitarbeit der Eltern ist fraglich, wenn das Kind den
Eltern gleichgültig ist, es sie durch nichts für sich gewinnen
kann. Eine Mutter, die das Kind "abschieben" will, die wenig
Freude mit dem Kind erlebt, wird sich wahrscheinlich ungern
zusätzlich therapeutisch engagieren.

Kooperative Antwort: Die Mutter spricht eindeutig aus (Extrem-
antwort: "stimmt immer" bzw. "stimmt nicht"), daß sie das
Kind gern hat, das Kind die Mutter froh machen kann und sie
nicht an eine Heimeinweisung denkt. (Bei diesem Item besteht
die Gefahr, "sozial erwünscht" zu antworten. Deshalb wird
eine extreme Antwortbewertung vorgenommen.)

11. Interaktion der Mutter mit der Familie
Items: 8, 27, 65
Die Mitarbeit wird einer Mutter umso leichter fallen, je mehr
sie darin von den übrigen Familienmitgliedern unterstützt
wird. Eine Mutter, die in der Erziehung ihrer Kinder von der
übrigen Familie (Vater, Großmutter etc.) alleingelassen
wird, dürfte von der zusätzlichen Beanspruchung einer Co-
Therapie mehr überfordert sein als eine Mutter, die in ihrer
Fürsorge um das behinderte Kind durch Mithilfe der Familie
entlastet wird. Zudem weist dies auf mögliche eheliche Spannungen hin, die als Motivationsfaktor bei der Co-Therapie
bedeutsam sind.

Kooperative Antwort: Aussage, daß die Mutter in der Erziehung ihres Kindes nicht von der Familie alleingelassen ist bzw. keine widersprüchlichen Erziehungspraktiken die Mutter an einer konsequenten Erziehung des Kindes hindern.

12. Interaktion der Mutter mit der sozialen Umwelt außerhalb der Familie bzw. das Verhalten der Nachbarschaft zum Kind
Items: 2, 5, 13, 14, 26, 32, 35, 40, 62; 21, 60, 63, 64
Eltern, die ihr Kind als ablehnenswert erfahren haben, können schließlich alles ablehnen, was mit dem Kind zu tun hat: also auch die Mitarbeit an der Therapie des Kindes. Oder die Eltern meiden nicht das Kind, sondern die Gesellschaft, in dem sie soziale Strafe durch Isolierung vermeiden. Die Scheu vor Sozialkontakten könnte auch ihre Kontaktfähigkeit zum Therapeuten beeinflussen.

Kooperative Antwort: Angabe der Mutter, daß sie die soziale Diskriminierung nicht empfindet, das Verhältnis der Nachbarschaft zu ihr und dem Kinde gut ist und die Erziehungspraktiken der sozialen Umwelt gegenüber dem Kind der Erziehungspraxis der Mutter nicht widersprechen (keine widersinnigen Kontingenzen vorliegen).

4.2.2. Bewertungsschlüssel der Items des Mutterfragebogens

Der Rohwert der Vorform des Mutterfragebogens errechnete sich aus der Summe aller "kooperativen" Antworten, die mit 1 bewertet wurden, sodaß bei 71 Items maximal der Rohwert 71 erreicht werden konnte. Als "kooperativ" und mit 1 bewertet wurden folgende itembezogene Antworten:
a) "Stimmt immer" und "stimmt häufig" bei den Items: 1, 2, 3, 5, 9, 14, 17, 18, 20, 23, 30, 36, 38, 39, 40, 43, 44, 49, 51, 54, 56, 57, 58, 60, 63;
b) "Stimmt nicht" und "stimmt manchmal" bei den Items: 4, 6, 10, 12, 13, 16, 19, 21, 22, 24, 25, 32, 33, 37, 45, 50, 52, 59, 64, 65;
c) "Stimmt häufig" und "stimmt manchmal" bei den Items: 7, 11, 28, 41, 42, 46;

d) "Stimmt immer", "stimmt häufig" und "stimmt manchmal" bei
   den Items: 26, 31, 61;

e) "Stimmt häufig", "stimmt manchmal" und "stimmt nicht" bei
   den Items: 34, 48, 53;

f) "Stimmt immer" bei Item: 47

g) "Stimmt nicht" bei den Items: 8, 15, 27, 29, 55, 62, 35

Items des Faktors Offenheit:

h) "Ja" 67, 68, 69, 70, 71

i) "Nein" 66

4.2.3. Statistische Analyse

Der Fragebogen wurde einer Itemanalyse unterzogen, die wir
hier nicht in ihrem ganzen Umfang darstellen können (WARNKE,
1973). Wir beschränken uns im folgenden auf die statistischen
Eigenschaften der für geeignet befundenen Items.

Die Trennschärfe war neben der Validität der Items ein wesent-
liches Auslesekriterium. Um die Trennschärfewerte verständlich zu machen, stellen wir zunächst dar, auf welche Weise die
Testrohwertverteilung auf einen "kooperativen" und einen
"unkooperativen" Wert reduziert wurde, um so die Korrelation
des Testrohwertes mit der Itemantwort zu ermöglichen, also
die Trennschärfe bestimmen zu können.

*Teilung der Stichprobe in eine untere (unkooperative) und in
eine obere (kooperative) Rohwertgruppe*

Trennschärfe meint die Korrelation der Itemantwort mit dem
Restrohwert. Für den Zweck unserer Untersuchung war es sinnvoll, den Testrohwert nicht quantitativ, sondern qualitativ
zu verrechnen. Das heißt, das Binnenkriterium (Rohwertverteilung) soll in eine obere (kooperative) und in eine untere
(unkooperative) Rohwertgruppe aufgeteilt sein. Die Itemantwort
einer Mutter wird dann statistisch in Beziehung gesetzt zur
Rohwertgruppe, der die Mutter aufgrund ihres Rohwertes zuge-
teilt ist.
Aus mehreren Gründen spalten wir die Rohwertverteilung zwischen den Rohwerten 48 und 49, dem Punkt, an dem wir anhand

der Verteilungskurve den maximalen Häufigkeitssprung festgestellt haben.

Aus der Tabelle 9 wird ersichtlich, daß wir die Grenze so gezogen haben, daß 22% der Stichproben als "unkooperativ" eingestuft werden.

Tabelle 9. Rohwertgruppierung und Signifikanz des Kooperati-
vitätsunterschiedes zwischen unterer (unkooperativer) und
oberer (kooperativer) Gruppe

Gruppe	Rohwert-bereich	Anzahl der Mütter	Anzahl in Prozent	Signifikanz des unterschiedlichen Anteils unkoopera-tiver Mütter	
				Koop 1	Koop 2
untere,	0 - 48	51	22	↑	↑
unkoope-rative Gruppe	0 - 48	51	22	.01	.025
obere, koopera-tive Gruppe	49 - 71	181	78		

Aus dem statistischen Vergleich der unteren mit der oberen
Rohwertgruppe hinsichtlich ihres Anteils an kooperativen
Müttern geht nach Chi^2 eindeutig hervor, daß die untere Rohwertverteilung (0-48) gegenüber der oberen Rohwertverteilung
(49-71) einen signifikant höheren Anteil unkooperativer
Mütter repräsentiert. Damit war zu erwarten, daß relativ viele
der validen Items (Korrelation mit dem Außenkriterium, den
Kooperativitätsskalen) auch trennscharf sein werden (Korrelation mit dem Binnenkriterium, dem Testrohstoff). Neben Eigenschaften der Verteilung war es die Gültigkeit der Gruppierung,
die es rechtfertigte, die Werte 0-48 als Binnenkriterium für
Unkooperativität zu gebrauchen, während die Werte 49-71 als
"kooperatives Kriterium" zur Trennschärfebestimmung verrechnet
wurden.

Kriterien für die Auslese der geeigneten Items

"Geeignet" oder "ausgelesen" heißen solche Items, von denen
wir aufgrund der statistischen Analyse vermuten dürfen, daß
sie relevante Indikatoren für die Kooperativität einer Mutter
sind. Für die Auslese der geeigneten Items wurden Trennschärfe, Schwierigkeit und Validität der Items herangezogen.
Aus der Originalform des Mutterfragebogens wurde ein Item
als geeignet ausgelsen, wenn das Item einem der folgenden
Kriterien entsprach:

1. Der Trennschärfekoeffizient ist signifikant (mindestens
   $p = 0.05$), und gleichzeitig deutet sich zumindest in einem
   der Koop-Skalen (Validitätskriterien) die Gültigkeit des
   Items auf wenigstens einem Tendenzniveau an (mindestens
   $p = 0.1$).
   Es betrifft die Items: 3, 7, 8, 10, 12, 13, 16, 17, (18),
   20, 21, 22, 29, 30, 32, 33, 36, 38, 45, 49, 52, 55, 57,
   60, 65.

   Beispiel
   Item 33
   Trennschärfe: $p = .05$
   Validität: $p = .01$ nach Koop 1
                 n.s. nach Koop 2

2. Die Validität ist signifikant, die Trennschärfe ist nicht
   signifikant. Es betrifft Item: 56

   Beispiel
   Item 56
   Trennschärfe: n.s.
   Validität: $P = .05$ nach Koop 1 und Koop 2

3. Die Validität ist positiv. Dies traf nur auf drei Items
   nicht zu. Wegen negativer Korrelation wurden die Items 18,
   61 und 71 verworfen.

4. Die mittlere Schwierigkeit bei beibehaltenen Items soll
   bei $P = $ ca. 80 liegen.

5. Item 1, das als Initialitem gedacht ist, wird beibehalten,
   wenn Trennschärfe und Validität das Tendenzniveau nicht
   erreichen, d.h. das Item keine differenzierende Relevanz
   besitzt und wenn es als leicht gelten darf.
   Betr.: Item 1

4.2.4. Validität, Trennschärfe und Schwierigkeit der ausge-
lesenen Items

Die Validität der Items ist die Korrelation der Itemantwort
mit den Werten, die einer Mutter auf den Kooperativitätsskalen
zugeordnet wurden. Ihre Trennschärfe ist die Korrelation der
Itemantwort mit dem Rohwert (der Rohwertgruppe) des Gesamt-
tests. Der Schwierigkeitsindex schließlich entspricht dem pro-
zentualen Anteil der als "kooperativ" bewerteten Antworten
auf ein Item im Bezug auf die Größe der Analysestichprobe
(LIENERT, 1969).

Den als geeignet ausgelesenen Items des Mutterfragebogens
kommen demnach die statistischen Kennwerte zu, die in Tabelle
10 zusammengefaßt sind.

Bewertung der Itemkennwerte
Aus den Signifikanzwerten der Tabelle 10 geht eindeutig hervor, daß wir bei der ersten Auslese dem Kriterium der Trennschärfe den Vorzug gegeben haben. Lediglich Item 56 ist nicht
signifikant trennscharf (das Initialitem 1 ausgeschlossen,
das nicht in die Wertung fällt), wir behielten es aber bei,
weil es valide erscheint. Dagegen sind nur 19 der 27 Items
zumindest nach einem der beiden Kooperativitätsskalen signifikant gültig. Die unterschiedliche Signifikanz der Trenn-
schärfe- und Validitätswerte ließe sich vielleicht teilweise
als statistisches Artefakt erklären.

Sicher haftet dem Fragebogen aber auch der Nachteil dieser
Meßmethode überhaupt an, daß nämlich hoch valide Items nur
sehr schwer herzustellen sind. Schließlich deutet die Diskre-
panz in der Signifikanz zwischen Trennschärfe und Validität
darauf hin, daß der Kooperativitätsbegriff, der im Mutter-

Tabelle 10. Ausgelesene Items des Mutterfragebogens

Item	Trenn-schärfe	Signifikanzniveau Validi-tät I	Validi-tät II	Schwierig-keit
1. Es tut gut, wenn man ausspannen kann	n.s.	n.s.	n.s.	79
3. Ich helfe meinem Kind bei seinen Schulaufgaben	.005	.005	.005	79
7. Ich habe Angst, es könnte meinem Kind etwas passieren, wenn ich es nicht um mich habe	.025	.1	n.s.	55
8. Es wäre für meine Familie besser, wenn das Kind in ein Heim käme	.025	.1	n.s.	85
10. Ich bin überlastet, wenn die Therapie meines Kindes mich zusätzlich Zeit kostet	.001	.1	n.s.	71
12. Kinder erziehen befriedigt mich wenig	.001	.01	.1	90
13. Die Nachbarschaft behandelt mich weniger freundlich wegen meines Kindes	.001	.005	.1	93
16. Ich bin Therapien gegenüber argwöhnisch	.001	.1	n.s.	92
17. Mein Kind darf mir widersprechen, wenn es mit etwas nicht einverstanden ist	.005	n.s.	.025	51
20. Ich dringe bei meinem Kind auf Pünktlichkeit	.01	.05	n.s.	74
21. Mitbewohner oder Nachbarn schimpfen mein Kind aus oder weisen es zurecht	.001	.001	.05	92
22. Ein guter Therapeut wird ein Kind behandeln, ohne die Mutter zu beanspruchen	.001	.1	.05	71
29. Ich denke, ich kann mein Kind nicht länger ertragen	.001	.025	.025	81
30. Ich bin für Kritik an meinem Erziehungsverhalten zugänglich	.001	.1	.01	54
32. Ich kann dem Kind manches nicht erlauben, weil sich die Nachbarn beschweren würden	.001	.01	.05	82
33. Ich finde neben der Kindererziehung keine Zeit für meine Hobbies	.05	.1	n.s.	72

Tabelle 10 (Fortsetzung)

| Item | Trennschärfe | Signifikanzniveau | | Schwierigkeit |
		Validität I	Validität II	
36. Ich nehme mir Zeit, mit dem Kind zu spielen	.001	.01	.01	62
38. Durch Erziehung kann Verhalten eines Kindes geändert werden	.001	.01	.1	76
43. Ich arbeite bei der Behandlung meines Kindes mit dem Therapeuten gern zusammen[a]	.001	n.s.	.05	78
45. Dem Kind ist es egal, ob sich die Mutter für seine Angelegenheiten interessiert oder nicht	.001	.005	.025	92
49. Es stört mich, wenn ich eine Verabredung nicht einhalte	.005	n.s.	.01	75
52. Mein Kind überfordert mich	.001	.01	.1	88
53. Ich lasse mir in der Erziehung nicht dreinreden[a]	.001	.1	n.s.	84
55. Ein Kind hat im Leben so viele Dinge zu lernen, daß es nicht durch Spiele seine Zeit vergeuden darf	.001	n.s.	.025	70
56. Es ist schlecht für ein Kind, wenn es viel allein ist	n.s.	.1	.025	88
57. Mein Kind kann mich froh machen	.05	n.s.	.1	81
60. Die Nachbarn sind freundlich zu meinem Kind	.005	.001	n.s.	81
65. Die Familie läßt mich allein mit den Problemen der Erziehung meines Kindes	.005	.025	n.s.	83

[a]Die Validitätswerte der Items 43 und 53 ergaben sich aus den vierstufigen Kooperativitätsskalen. Alle anderen Werte beruhen auf zweistufigen Validitätskriterien. (WARNKE, 1973)

fragebogen implizit enthalten ist, nicht ganz gleich ist den
Begriffen von Kooperativität, die in den beiden Kooperatitäts-
skalen repräsentiert sind.
Wenn also auch die Korrelation der Items mit dem Außenkriterium der Kooperativität durchschnittlich gering ist, so erscheint es uns vorläufig doch gerechtfertigt, die trenn-
scharfen Items des Fragebogens als Indikatoren von Kooperativität zu betrachten, eben jener Kooperatitivät, die durch
die Antworten der Mütter im Fragebogen repräsentiert wird und
sich im Fragebogen implizit ausdrückt. Da sich der Kooperativitätsbegriff des Fragebogens offenbar nicht mit den Begriffen der Kooperativitätsskalen deckt (die offensichtlich
mehr die Variablen des soziographischen Fragebogens reflek-
tieren), erweitern die Aussagen des Fragebogens unser Wissen
über die Kooperativitätsbedingungen der Mutter, die ihn beantwortet und deren Motivation zur Co-Therapie wir gewinnen
und erhalten wollen.

4.3. Der soziographische Fragebogen (SF) zu den starren
Situationsvariablen

Die starren Situationsvariablen versuchten wir mit Hilfe eines
Fragebogens zu erfassen, der vom Lehrer der Kinder beantwortet wurde. Wir erhofften uns dadurch eine ehrliche Beantwortung. Zudem erhielten wir damit auch Angaben über jene
Familien, die sich weigerten, die Befragung mitzumachen, die
für die Untersuchung der Bedingungen von Nichtkooperativität
jedoch von besonderem Interesse sind.

Im SF haben wir im wesentlichen Variablen zusammengefaßt, die
als Fakten relativ objektiv feststellbar sind und vom Lehrer
der Sonderschule leicht ermittelt werden konnten, da die
meisten Lehrer schon über längere Zeit mit den Eltern zusammen-
gearbeitet hatten.

Er umfaßt sozio-ökonomische Bedingungen der Familie (Wohnverhältnisse, Berufsvariablen, Wohlstandsverhältnisse), äußere
Gegebenheiten (Entfernung der Therapiestelle von der Wohnung,

Verkehrsbedingungen), Persönlichkeitsvariablen (Alter der
Eltern, Alter des behinderten Kindes, Gesundheitszustand, Art
der Behinderung) sowie Daten zu den Familienverhältnissen
(Familienstand der Mutter, Fürsorge für das Kind, Kinderzahl,
Stellung des behinderten Kindes unter den Geschwistern).

5. Stichprobe und Durchführung der Untersuchung

Über Umfang und Eigenschaften einer Stichprobe, die repräsentativ für die Population steht, werden in der Testtheorie präzise Angaben gemacht (LIENERT, 1969). In der Praxis steht man jedoch vor einer Reihe von Schwierigkeiten und ist zu Kompromissen gezwungen. Wir fragten uns häufig, ob es mit den unzulänglichen Möglichkeiten, die uns zur Verfügung standen, überhaupt sinnvoll sei, die Arbeit durchzuführen. Wenn wir uns schließlich für die Durchführung entschieden haben, so aus der Einsicht heraus, daß andere Forschungsteams vor ähnlichen Schwierigkeiten stehen würden und daß bei entsprechender Einschränkung der Stichprobe zumindest Teilaussagen über die Population gemacht werden könnten.

5.1. Einschränkung der Population auf Mütter geistig behinderter Kinder einer Sonderschule

Bei der Frage, wie die Population, über die Aussagen gemacht werden sollen, eingeschränkt werden könnte, um den Arbeitsaufwand in Grenzen zu halten, orientierten wir uns am Zweck der Untersuchung. Es soll ein Beitrag zur Frage geleistet werden, wie die Eltern bei der Therapie ihres verhaltensgestörten und behinderten Kindes zur Mitarbeit gewonnen werden können. Daher war zu fragen: Welche Elterngruppe vor allen anderen wollen wir für die Mitarbeit gewinnen? Unsere Antwort darauf war: Mütter, die ein geistig behindertes Kind in der Schule haben.

Die Beschränkung auf Eltern geistig behinderter Kinder: Die Einbeziehung der Eltern bei der Förderung ihres geistig be-

hinderten Kindes erscheint aus folgenden Gründen angebracht:
Ein deutlicher Erfolg kann häufig nur erzielt werden, wenn
mit den Kindern individuell und intensiv gearbeitet wird, wozu die Schule kaum in der Lage ist, viele Eltern jedoch die
nötige Zeit hätten. Die dafür zu erlernenden Techniken können
relativ leicht erworben werden. Häufig handelt es sich nur um
einen geplanteren Einsatz erzieherischer Maßnahmen, die die
Eltern ohnehin schon beherrschen.
Und schließlich können durch die Mitarbeit der Eltern auf
ökonomisch vertretbare Weise praktische Verhaltensweisen des
Kindes wie Anziehen, Benutzen der Toilette, Essen usw. auf-
gebaut werden, die nicht nur für das spätere Leben dieser Kinder besonders bedeutsam sind, sondern die auch das familiäre
Leben entlasten können.

Für die Wahl von Eltern geistig behinderter Kinder sprach
ebenso der Gesichtspunkt der Generalisierbarkeit der Ereignisse. Zum einen korreliert das Auftreten geistiger Behinderung nicht mit Schichtvariablen, so daß wir eine sozio-
ökonomisch repräsentative Stichprobe erwarten durften. Repräsentativ ist diese Stichprobe auch dahingehend, daß sie
nicht nur die spezifisch heilpädagogischen Problemkinder erfaßt, sondern auch Kinder, die neben ihrer Behinderung aufgrund der Verhaltensstörungen therapeutisch betreut werden
müssen. Damit kommt diese Stichprobe unserem Anliegen nahe,
das Problem der Co-Therapie bei verhaltensgestörten und
geistig behinderten Kindern aufzuklären.
Besonders bezeichnend für die Stichprobe der Eltern geistig
behinderter Kinder ist schließlich, daß die Eltern aufgrund
der Behinderung des Kindes frühzeitig und fast in jedem Fall
therapeutische Aufgaben übernehmen müssen und sie dadurch
in der Regel in der Zusammenarbeit mit therapeutischen In-
stanzen erfahren sind. Daher ist diese Elternschaft weitgehend
repräsentativ für eine Stichprobe, deren Kooperativität wir
bei der erzieherisch-therapeutischen Förderung des therapiebedürftigen Kindes untersuchen wollen.

*Die Beschränkung auf Eltern, deren Kind die Sonderschule be-
sucht:* Damit ist die Art der Mitarbeit angesprochen. In der

freien Praxis ist die Art der Mitarbeit, die von den Eltern
verlangt wird, von Klinik zu Klinik und von Therapeut zu
Therapeut so verschieden, daß der Begriff Kooperation je nach
den einzelnen Therapeuten definiert werden müßte. Die Behandlung der Stichprobe als eine einheitliche Gruppe wäre damit gefährdet gewesen. In der Sonderschule hingegen ist die
geforderte Mitarbeit über die verschiedenen Lehrpersonen relativ konstant. Es handelt sich dabei um das Hinbringen und
Abholen des Kindes; um die Teilnahme an Lehrersprechstunden,
Elternabenden und sonstigen schulischen Veranstaltungen; die
Mitarbeit in den Elterngremien; um Hilfe bei Schulausflügen
und Schulfesten und schließlich um das Ausführen bestimmter
heilpädagogischer Maßnahmen, die vom Lehrer konzipiert werden.
Hinsichtlich der Generalisierbarkeit sind noch folgende Be-
sonderheiten von Bedeutung:

1. die Schule ist eine unfreiwillig vorgegebene Institution,
   und die Eltern müssen sich zu Jahresbeginn verpflichten
   mitzuarbeiten
2. die Schule nimmt den Eltern die Kinder einen Großteil des
   Tages ab, und sie kann daher leichter Druck auf die Eltern
   ausüben
3. der Kontakt geht in der Regel über mehrere Jahre, ist aber
   nicht sehr intensiv
4. die Mitarbeit im Rahmen der Schule zielt nicht primär auf
   eine Verhaltensänderung der Eltern ab (bei einem Elterntraining z.B. wird den Eltern an Kritikfähigkeit und an
   Fähigkeit ihr Verhalten zu ändern weit mehr abverlangt).

Einschränkung der Stichproben auf Mütter: Die Einschränkung
der Stichproben auf die Mütter wird wahrscheinlich Kritik
hervorrufen. Wir glauben wie viele andere Therapeuten, die
mit Eltern arbeiten, daß es wichtig und eine besondere Aufgabe des Therapeuten ist, die Mütter dabei zu unterstützen,
daß sie die Väter zu größerer Beteiligung an der Erziehung
ihrer Kinder veranlassen. Und dies nicht nur, um die Mütter
zu entlasten, sondern auch deshalb, weil es mit vielen Risiken verbunden ist, in einem sozialen Gefüge nur eine Person
zu verändern.

Wenn wir uns trotzdem auf die Mütter beschränken, so deshalb,
weil die Väter im Rahmen einer Sonderschule nur sporadisch
mitarbeiten. Wenn die Väter nicht besonders angesprochen und
verpflichtet werden, vertrauen sie im allgemeinen auf das
Funktionieren der alten Rollenverteilung, nach der die Mutter
für die Erziehung der Kinder zuständig ist. Wir hätten in
unserer Schule keine statistisch auswertbaren Daten erhalten.
So ergibt sich die Beschränkung der Stichprobe auf die Mütter
zwangsläufig aus der Einschränkung auf die Mitarbeit im
Rahmen der Sonderschule.

Die Repräsentativität unserer Stichprobe ist unter Vorbehalt
der genannten Unterschiede gegeben. Dementsprechend eingeschränkt ist die Allgemeingültigkeit unserer Ergebnisse, sofern wir sie auf die Verhältnisse der Mitarbeit der Eltern als
Co-Therapeuten insgesamt verallgemeinern wollen.

5.2. Beschreibung der Stichprobe

In Tabelle 11 beschreiben wir die Stichprobe nach den sozio-
ökonomischen Variablen.

Die unterschiedlichen Summen bei den einzelnen Variablen erklären sich daraus, daß die Lehrer nicht in der Lage waren,
bei allen Variablen für alle Familien die jeweiligen Daten anzugeben. Um die absoluten Zahlen vergleichbar zu machen, sind
sie zusätzlich in Prozentwerten angegeben (Abweichungen von
100% bei den Prozentsummen einer Variablen beruhen auf Run-
dungsfehlern).

5.3. Durchführung der Untersuchung

*Verteilung des soziographischen Fragebogens (SF) und der
Kooperativitätsskalen (Koop 1 und Koop 2) auf die Lehrer*
In einer Lehrerkonferenz wurden die Lehrer mit dem Unter-
suchungsprogramm bekannt gemacht. Fragen der Verteilung der

Tabelle 11. Daten zur Stichprobe der Untersuchung

Variablen	Mütter Häufigkeit absolut	in %	Väter Häufigkeit absolut	in %
1. Alter der Eltern				
21 - 30	11	5,2	3	2,0
31 - 40	103	48,6	37	25,2
41 - 50	70	33,0	65	44,2
50 und älter	28	13,2	42	28,6
Total	212		147	
2. Familienstand				
ledig	17	5,4	5	1,9
verheiratet	275	86,5	246	94,6
verwitwet	9	2,8	1	0,4
geschieden/getrennt	17	5,3	8	3,1
Total	318		260	
3. Schulbildung				
Sonderschule	6	3,0	4	2,1
Volksschule	151	74,4	125	66,1
Mittlere Reife	39	19,2	34	17,9
Abitur	7	3,4	27	14,2
Total	203		190	
4. Beruf				
ungelernter Arbeiter	43	26,9	32	11,9
Facharbeiter	11	5,3	81	30,2
Handwerker	2	1,0	30	11,2
Landwirt	2	1,0	6	2,2
Kaufmann	7	3,4	16	6,0
einf. Ang. od. Beamter	22	10,0	29	10,8
mittl. Ang. od. Beamter	11	5,3	34	12,7
höher. Ang. od. Beamter	1	0,5	9	3,4
Akademiker	1	0,5	19	7,0
freiberuflich	4	1,9	1	0,4
Invalide, Rentner	0	0	11	4,1
Total	206		268	
5. Berufsbildung				
- Hilfstätigkeiten, die keine besondere Fähigkeiten u. Erfahrungen im Betrieb erfordern	34	39,2	22	10,3
- Hilfstätigkeiten mit einer Anlernzeit im Betrieb bis zu einem Jahr	12	13,8	22	10,3
- Tätigkeiten mit system. Ausbildung im Betrieb bis zu drei Jahren (Lehre)	25	28,7	103	48,1

Tabelle 11 (Fortsetzung)

Variablen	Mütter Häufigkeit absolut	in %	Väter Häufigkeit absolut	in %
- Tätigkeit nach abge-schlossener Fach-schulbildung	15	17,2	42	19,6
- Tätigkeit nach Hoch-schulausbildung	1	1,2	25	11,7
Total	87		214	
6. Entscheidungsbefugnis im Beruf				
- trifft praktisch keine eigenen Entscheidungen	37	46,8	35	19,1
- leitet hauptsächlich Entscheidungen weiter	15	19,0	27	14,8
- führt Entscheidungen aus, trifft aber auch selbst welche	20	25,3	91	49,7
- kann höchste Entschei-dungen treffen	7	8,9	30	16,4
Total	79		183	
7. Berufliche Beanspruchung				
ganztags	50	22,7	223	95,2
halbtags	29	13,4	1	
stundenweise	29	13,4		
nicht berufstätig	109	50,5	10	4,3
Total	217		234	
8. Wirtschaftliche Lage				
sehr wohlhabend	9	3,9	8	3,5
gut	106	45,7	117	50,9
ausreichend	95	41,0	92	40,0
schlecht	22	9,5	13	5,7
Total	232		230	
9. Mietverhältnisse				
Eigentümer des Hauses	45	22,0	37	30,1
Eigentümer der Wohnung	9	4,4	7	5,7
Hauptmieter	142	69,3	77	62,0
Untermieter	9	4,4	2	1,6
Wohnheim, Pension, Internat usw.	0	0,0	0	0,0
Total	205		123	
10. Wohnverhältnisse				
großzügig	16	8,6	12	9,5
gut	92	49,2	71	55,9
ausreichend	56	30,0	35	27,6
sehr beengt	23	12,3	9	7,1
Total	187		127	

Tabelle 11 (Fortsetzung)

Variable	Mütter Häufigkeit absolut	in %	Väter Häufigkeit absolut	in %
11. Gesundheitszustand gut (praktisch nicht krank)	105	46,3	60	62,5
mittel	104	45,8	28	29,2
schlecht (häufiger oder ständig krank oder behindert)	18	7,9	8	8,3
Total	227		96	
12. Fahrzeit zwischen Wohnung und Schule bis zu 30 min	79	30,8	26	26,8
mehr als 30 min	124	49,0	52	53,6
mehr als 60 min	51	20,2	19	19,6
Total	254		97	
13. Persönliche Vorsprachen beim Lehrer sind mit Hindernissen verbunden (keine Aufsicht für Kinder; berufliche Umstände; Pflegefall in der Familie) ja	142	48,5	101	68,2
nein	151	51,5	47	31,8
Total	293		148	
14. Die Fürsorge für das Kind ist sehr intensiv	118	39,5	37	21,8
normal	133	44,5	94	55,3
oberflächlich	46	16,1	29	17,1
gar nicht vorhanden	2	0,7	10	5,9
Total	229		170	

Kinderbezogene Variablen	Häufigkeit absolut	in %
1. Alter des Kindes 6 - 10	111	32,7
11 - 15	185	54,4
16 - 20	44	12,9
Total	340	
2. Art der Behinderung Hirnschaden	66	21,5
Imbezilität	55	17,9
Retardierung	57	18,6

99

Tabelle 11 (Fortsetzung)

Kinderbezogene Variablen	Häufigkeit	
	absolut	in %
Mongolismus	97	31,6
Sprachgestört	11	3,6
Anfallsleiden	12	3,9
Spastische Lähmung	9	2,9
Total	307	
3. Schwere der Behinderung		
leicht	43	12,8
mittel	141	42,0
schwer	123	36,6
sehr schwer	29	8,6
Total	336	
4. Wie kommt das Kind zur Schule?		
Straßenbahn, Stadtbus	21	6,3
Schulbus	292	86,9
Privatauto	7	2,1
Taxi	7	2,1
zu Fuß	9	2,7
Total	336	
5. Das Kind lebt bei		
leiblichen Eltern	280	83,3
Pflegeeltern	2	0,6
Adoptiveltern	0	0,0
im Heim	0	0,0
leibl. Vater/Stiefvater	5	1,5
leib. Mutter/Stiefmutter	12	3,6
Mutter allein	31	9,2
Vater allein	0	0,0
Großeltern, Verwandten	6	1,8
Total	336	
6. Das Kind ist		
aus normalen Familienverhältnissen	281	87,0
aus stark gestörten Familienverhältnissen	22	6,8
aus geschiedener/getrennter Ehe	20	6,2
Total	323	
7. Kinderzahl der Familie		
eins	72	22,2
zwei	106	32,6
drei	67	20,6
vier	50	15,4
fünf oder mehr	30	9,2
Total	325	

Tabelle 11 (Fortsetzung)

Kinderbezogene Variablen	Häufigkeit	
	absolut	in %
8. Stellung des geistig behinderten Kindes in der Geschwisterreihe		
Ältestes	86	33,6
Mittleres	58	22,7
Jüngstes	112	43,8
Total	256	

Fragebögen an die Mütter, der Verschlüsselung des Unter-
suchungsmaterials usw. wurden geklärt. Gleichzeitig wurden
die Lehrer instruiert, wie der SF zu beantworten sei. Die
Verschlüsselung, Verpackung und Verteilung der Fragebögen
sowie die Instruktion des Lehrerkollegiums übernahm der Leiter
der Schule.

Die 342 Mütter wurden zur Beurteilung auf 24 Sonderschulpäda-
gogen der Sonderschule unserer Analysestichprobe aufgeteilt.
Die Kooperativität einer Mutter wurde von jeweils nur einem
Lehrer nach beiden Kooperativitätsskalen eingeschätzt. Maximal
wurden von einem Pädagogen 37 Mütter eingeschätzt, minimal
3 Mütter.

*Austeilung des Mutterfragebogens und des Fragebogens zur
Extraversion und Neurotischen Tendenzen an die Mütter*
Mutterfragebogen und EN-Fragebogen wurden zu einem Block zu-
sammengeheftet, so daß zuerst der MF und danach der EN zur
Beantwortung vorlag. Die Fragebögen wurden mit einer Kenn-
ziffer versehen, um später jeder Mutter den entsprechenden
soziographischen Fragebogen und die zugehörigen Kooperativi-
tätsbewertungen zuordnen zu können. MF und EN wurden mit
einem Brief an die Mütter und einer Empfangsbestätigung in
einen Umschlag gelegt. In dieser Form wurde den Kindern
aller Klassen der Sonderschule das Untersuchungsmaterial von
den jeweiligen Klassenlehrern mit nach Hause gegeben. Um
sicher zu gehen, daß die Eltern das Untersuchungsmaterial erhalten hatten, sollten sie die Empfangsbestätigung unter-
schrieben an die Schule zurücksenden.

Einsammeln der Fragebogen

Nach drei Wochen war die Befragung abgeschlossen. Die von den Müttern bearbeiteten Fragebogen wurden den Kindern mitgegeben und den Klassenlehrern übergeben.

6. Ergebnisse

In diesem Kapitel fassen wir die wichtigsten Ergebnisse
unserer Untersuchung zusammen. Im ersten Abschnitt beschreiben
wir die Ausgangslage, d.h. nicht vorhersehbare Effekte der
Untersuchung, die Qualität und Interpretation der Ergebnisse
beeinflußt haben.

In den darauf folgenden nächsten drei Abschnitten zeigen wir,
welche statistischen Zusammenhänge sich zwischen Extraversion
und Neurotizismus, Variablen des sozialen Kontextes und soziographischen Variablen und Kooperativität herausgestellt haben.

6.1. Prüfung der Ausgangslage - Teilnahme an der Untersuchung und Kooperativität

Feldstudien verlaufen selten so, wie sie geplant sind. Es
treten Pannen auf, die das geplante Konzept verändern (z.B.
wenn ein Teil der zu untersuchenden Personen die Mitarbeit
verweigert), und so liegt am Ende der empirischen Datenerhebung eine mehr oder weniger veränderte Ausgangssituation
vor. Die Verzerrung im Datenmaterial, die sich durch solche
Pannen bei der Durchführung ergeben, sind jedoch nicht nur
als Fehler zu werten, die den Wert der Daten mindern, sie
stellen teilweise selbst ein nützliches Ergebnis dar.

6.1.1. Die Ausfallquote der von den Müttern beantworteten Fragebogen

Es ist nicht gelungen, alle Mütter zu einer auswertbaren Beantwortung des MF und des EN zu bewegen. Damit ist die Re-

präsentativität der verbliebenen Stichprobe in Frage gestellt.

Wie aus Tabelle 12 hervorgeht, haben 32,2% die Beantwortung
verweigert, also fast ein Drittel der Gesamtstichprobe.

Tabelle 12. Quote nicht oder unvollständig beantworteter
Fragebogen - Ausfallquote der Mutterstichprobe

		Anzahl	Anteil in %
Gesamtstichprobe:	Gesamt der Mütter, an die Fragebogen ausgegeben wurden und deren Kooperativität durch die Lehrer beurteilt wird	342	100
Ausfallquote:	"Ausfallgruppe"	110	32,2
Teilnehmerquote:	"Teilnehmergruppe"	232	67,8

"Teilnehmergruppe" = Gruppe der Mütter, welche die Unter-
suchungsverfahren vollständig beant-
wortet haben.
"Ausfallgruppe" = Gruppe der Mütter, welche die Fragebogen (MF, EN) nicht, falsch oder unvollständig beantwortet haben.

Nichtausfüllen der Fragebogen als Indikator für Unkoopera-
tivität

Wir haben mit dem Mediantest (SIEGEL, 1956) geprüft, ob sich
die Teilnehmer und die Ausfallquote hinsichtlich der Kooperativität unterscheiden. Damit wollten wir die Hypothese er-
härten, daß die Verweigerung der Mitarbeit bei der Fragebogen-
aktion selbst ein Indikator für Nichtkooperativität darstellt.
Ferner erhofften wir uns daraus Hinweise, in welcher Weise
die Gesamtgruppe von der Teilnehmergruppe abweicht, d.h. in
welche Richtung die gewonnenen Daten korrigiert werden mußten.

Aus Tabelle 13 geht hervor, daß die Ausfallgruppe sich hinsichtlich der Kooperativität eindeutig von der Teilnehmergruppe unterscheidet.

Tabelle 13. Kooperativität (Mediane) der Teilnehmer- und Ausfallgruppe

	Anzahl	Median		Signifikanz Mediantest
Nach Koop 1	232 110	Teilnehmergruppe Ausfallgruppe	3,78 3,18	Mediandifferenz signifikant p ≤ .001
	342	Gesamtgruppe	3,65	
Nach Koop 2	232 110	Teilnehmergruppe Ausfallgruppe	4,18 3,85	Mediandifferenz nicht signifikant p ≤ .1
	342	Gesamtgruppe	4,16	

Ergebnis
Nach Einschätzung der Kooperativität durch Kooperativitätsskala 1 ist der Median der Teilnehmergruppe signifikant größer
als der Median der Ausfallgruppe, d.h. die Teilnehmergruppe
wurde kooperativer beurteilt (p = .001). Nach Koop 1 haben
demnach unkooperative Mütter auch viel weniger an der Untersuchung teilgenommen.

Schulbildung und die Teilnahme an der Untersuchung
Die Tatsache, daß verhältnismäßig viele Mütter die Mitarbeit
verweigerten, die nach Koop 1 als unkooperativ eingeschätzt
wurden, veranlaßte uns, den Schwierigkeitsgrad des Fragebogens
zu überprüfen (Koop 1 mißt im Gegensatz zu Koop 2 stärker die
Fähigkeit zu Kooperation, Koop 2 hingegen das Engagement). Wir
haben daher untersucht, ob ein Zusammenhang zwischen Beantwortung der Fragebögen und Schulbildung besteht. Von 207
Müttern lagen Angaben zur Schulbildung vor. In Tabelle 14
haben wir die Ausfallgruppe hinsichtlich der Schulbildung mit
der Teilnehmergruppe verglichen.

Ergebnis
Der Vergleich zeigt, daß der Unterschied der Schulbildung
zwischen Teilnehmer- und Ausfallgruppe statistisch nicht
signifikant ist. Wir können also die Unkooperativität der
Ausfallgruppe nicht allein durch eine mindere Schulbildung
und eine möglicherweise geringere Fähigkeit zu Kooperativität erklären.

Tabelle 14. Verteilung von Teilnehmer- und Ausfallgruppe
nach ihrer Schulbildung

	Sonderschul-Volksschul-gruppe	Mittl. Reife-Abiturienten-gruppe	Häufigkeits-relation
Teilnehmer-gruppe	109	35	3,1 : k 1
Ausfall-gruppe	54 (33%)	9 (20%)	6 : 1
Chi^2 = 2,06 n.s.	163	44	

Das ändert aber nichts an der Tatsache, daß die Relationen
zwischen niedrigerer und höherer Schulbildung verschoben sind.
Die Ausfallquote liegt bei Müttern mit Sonder- oder Volksschulbildung bei 33%, bei Müttern mit Mittlerer Reife oder
Abitur nur bei 20%. Wir können daher annehmen, daß die Nicht-
beantwortung des Fragebogens ein Indikator für eine Form von
Nichtkooperativität ist, die zum Teil auf mangelnder Fähigkeit beruht. Für die Gesamtuntersuchung gilt es dauernd zu
berücksichtigen, daß die Teilnehmergruppe, wenn auch nicht
signifikant, so doch tendenziell im Bildungsniveau höher liegt
als die Gesamtgruppe.

6.1.2. Die Ausfallquote im SF

Die sozio-ökonomischen Fragebogen wurden von den Lehrern beantwortet. Da sie bei manchen Eltern nicht alle Fragen beantworten konnten, haben wir auch bei den einzelnen Items des
SF eine Ausfallquote.

Wieweit dadurch die Repräsentativität der Daten beeinträchtigt
wird, können wir nicht sagen. Wir werden bei der Darstellung
der Ergebnisse bei jedem Item die absoluten Häufigkeiten angeben, so daß die Ausfallquote sichtbar wird.

6.2. Ergebnisse aus dem Fragebogen zur Extraversion und Neurotischen Tendenzen

Wieweit die Persönlichkeitseigenschaften Extraversion und Neurotizismus mit Kooperativität zusammenhängen, war eine der Fragen dieser Arbeit. Wir wollen das Datenmaterial darstellen und den Zusammenhang statistisch prüfen.

6.2.1. Neurotische Tendenz und Kooperativität

Um den Zusammenhang statistisch berechnen zu können (Korrelation der Werte der Neurotischen Tendenz mit den Werten der Kooperation), mußten zunächst die Rohwerte der Analysestichprobe in verschiedene Rohwertgruppen klassifiziert werden. Gemäß der Verteilung der Rohwerte wurde die Stichprobe in vier Gruppen aufgeteilt.

Die neurotische Tendenz der Stichprobe
Die Verteilung in Abbildung 4 ähnelt jener, die die Testautoren BRENGELMANN und BRENGELMANN (1960) für die Normalpopulation angeben.

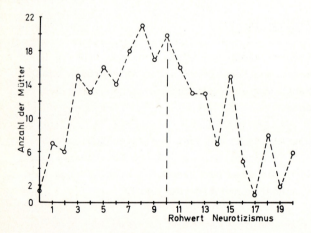

Abb. 4. Verteilung der Neurotizismuswerte bei der Mutterstichprobe (N = 232)

Es zeigt sich eine deutliche Linksschiefe. Aus der rein be-
schreibenden Analyse der Neurotizismuswerte folgert, daß sich
die Analysenstichprobe (Mütter geistig behinderter Kinder
hinsichtlich ihrer neurotischen Tendenz durchschnittlich nicht
von der Normalpopulation (bzw. der Eichstichprobe des EN)
unterscheidet.

Die Unregelmäßigkeit unserer Verteilung setzt sich deutlich
von der Regelmäßigkeit der Kurve der Testautoren ab. Die
Gründe dafür könnten in unterschiedlicher Stichprobengröße
liegen, größerer Heterogenität unserer Population oder auch
nur in unterschiedlicher Datenmanipulation (andere Klassifi-
zierung).

*Statistische Prüfung des Zusammenhangs zwischen Neurotischer
Tendenz und Kooperativität*
Die Tabelle 15 zeigt, wie sich kooperative und unkooperative
Mütter auf die Wertgruppe der Neurotischen Tendenz verteilen.

Ergebnis
Nach beiden Validitätskriterien besteht kein sifnifikanter
Zusammenhang zwischen der Ausgeprägtheit der Neurotischen
Tendenz unter Kooperativität einer Mutter. In der Gruppe
höchster neurotischer Tendenz (14-20) deutet sich ein relativ
erhöhter Anteil unkooperativer Mütter an, der weitere Untersuchungen in dieser Richtung anregen sollte.

6.2.2. Extraversion und Kooperativität der Mütter

Wie bei der neurotischen Tendenz haben wir die Stichprobe gemäß der Rohwertverteilung in 4 Gruppen aufgeteilt.

Extraversion der Stichprobe
Abbildung 5 veranschaulicht die Verteilung der Extraversionswerte.

Das Schwergewicht der Verteilung liegt wie bei der neurotischen Tendenz auch auf der linken Seite. Die Mehrzahl der

Tabelle 15. Statistische Prüfung des Zusammenhangs zwischen
Neurotischer Tendenz und Kooperativität

1. Ergebnis nach Koop 1

Rohwertgruppe Neurotische Tendenz (NT) / Kooperativitätsgrad	0 - 5 niedrige NT	6 - 9	16 - 13	14 - 20 nohe NT	Total
1-3 (unkooperativ)	19	22	22	21	84
4-5 (kooperativ)	37	48	40	23	148
	56	70	62	44	232

df = 3; Chi^2 = 1,35 n.s.

2. Ergebnis nach Koop 2

Rohwertgruppe Neurotische Tendenz (NT) / Kooperativitätsgrad	0 - 5 niedrige NT	6 - 9	10 - 13	14 - 20 hohe NT	Total
1-3 (unkooperativ)	13	19	15	14	61
4-5 (kooperativ)	43	51	47	30	171
	56	70	62	44	232

df = 3; Chi^2 = 0,36 n.s.

Mütter tendiert zum introvertierten Pol der Dimension Extraversion. Die Kurvenform - rein beschreibend analysiert -
unterscheidet sich durch ihre Linksschiefe tendenziell von
der Verteilung, die die Autoren des EN ermittelt haben
(BRENGELMANN und BRENGELMANN, 1960). Die introvertierte Tendenz könnte als Hinweis darauf interpretiert werden, daß
Eltern geistig behinderter Kinder der Gesellschaft eher re-
serviert gegenüberstehen.

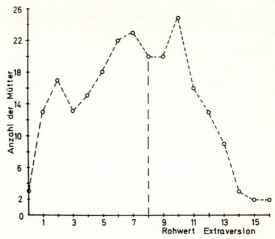

Abb. 5. Verteilung der Extraversionswerte bei der Mutterstichprobe (N = 232)

*Statistische Prüfung des Zusammenhangs zwischen Extraversion
und Kooperativität*
Tabelle 16 zeigt, wie sich kooperative und unkooperative
Mütter auf die Wertgruppen der Extraversion verteilen.

Ergebnis
Das Ergebnis ist noch deutlicher als bei der neurotischen
Tendenz: Das "Persönlichkeitsmerkmal" Extraversion differen-
ziert nicht zwischen unkooperativen und kooperativen Müttern.

6.2.3. Zusammenfassung der Ergebnisse des EN

Ein Zusammenhang zwischen neurotischer Tendenz und Extraversion mit Kooperativität bzw. Nichtkooperativität ließ sich
statistisch nicht verifizieren.

Neurotische Tendenz und Extravertiertheit - gemessen mit dem
EN - erscheinen als nicht geeignet, zwischen kooperativen
und unkooperativen Müttern zu unterscheiden. Bemerkenswert
ist ein unsignifikant erhöhter Anteil unkooperativer Mütter
in der Gruppe hoher neurotischer Tendenz, der zu genaueren
Nachforschungen Anlaß gibt.

Tabelle 16. Statistische Prüfung des Zusammenhangs zwischen
Extraversion und Kooperativität

1. Ergebnis nach Koop 1

Koopera-vitätsgrad \ Rohwertgruppe Extraversion	0 - 4	5 - 7	8 - 10	11 - 16
1-3 (unkooperativ)	20	21	27	16
4-5 (kooperativ)	41	42	38	27

df = 3; Chi^2 = 1,35 n.s.

2. Ergebnis nach Koop 2

Koopera-tivitätsgrad \ Rohwertgruppe Extraversion	0 - 4	5 - 7	8 - 10	11 - 16
1-3 (unkooperativ)	17	15	18	11
4-5 (kooperativ)	44	48	47	32

df = 3; Chi^2 = 0,36 n.s.

6.3. Ergebnisse aus dem Mütterfragebogen (MF)

Über die Itemanalyse des MF haben wir schon berichtet. In
diesem Abschnitt wollen wir lediglich die Validität der einzelnen Items berücksichtigen. Die Aussagen der Mütter sind
nur als Indikatoren von Kooperativität zu interpretieren,
thematisch jedoch geben sie an, wo Verhältnisse gegeben sind,
die Unkooperativität bedingen.

6.3.1. Aussagen der Mutter zur eigenen Person

Als Aussagen zur eigenen Person werten wir die Items 30 und
49. Mütter, die zugeben, nur manchmal oder gar nicht für
Kritik an ihrem Erziehungsverhalten zugänglich zu sein, sind
signifikant häufiger unkooperativ (34,6%) als Mütter, die
sich nach ihrer Auffassung immer oder häufig Kritik gefallen

111

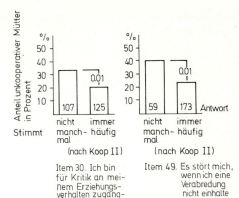

Abb. 6. Aussagen der Mutter zur eigenen Person

lassen (nur 20,8% dieser Mütter werden unkooperativ beurteilt). Die therapeutische Zusammenarbeit mit der Mutter wird häufig dadurch belastet, daß sie Trainingstermine nicht einhält. Nach Item 49 können wir folgern, daß Mütter, die es immer oder häufig stört, wenn sie Verabredungen nicht einhalten, kooperativer sind (p ≤ .01 nach Koop 2).

6.3.2. Aussagen der Mutter zu allgemeinen Fragen der Erziehung

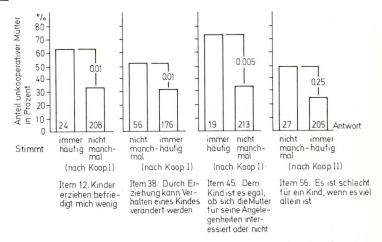

Abb. 7. Aussagen der Mutter zu allgemeinen Fragen der Erziehung

Zu allgemeinen Erziehungsfragen äußert sich die Mutter mit
den Items 12, 33, 38, 45, 53, 55 und 56. Nur 24 der 232
Mütter, geben zu, daß sie die Erziehungsarbeit nicht befriedigt (Item 12).

Davon sind jedoch mit 62,5% der Fälle (15 von 24 Müttern) unverhältnismäßig viele Mütter unkooperativ (p ≤ .01 nach
Koop 1). Therapie und Co-Therapie setzen voraus, daß durch
Erziehung das Verhalten eines Kindes beeinflußt werden kann.
Es zeigt sich (Item 38), daß über 50% der Mütter unkooperativ
sind, die nie oder nur manchmal das Verhalten eines Kindes
durch Erziehung für veränderbar halten. Auch für solche Mütter
ist die Prognose für Kooperativität relativ ungünstig, die
es nicht oder nur manchmal schlecht finden, wenn das Kind viel
alleine ist (Item 56) und daß es dem Kind immer oder häufig
egal sei, ob sich die Mutter für seine Angelegenheiten interessiere oder nicht (Item 45).

Mütter, die sich allgemein weniger um ihr Kind kümmern sind
relativ wahrscheinlich unkooperativ. Die Überzeugung, daß
kindliches Verhalten durch erzieherischen Einsatz gefördert
werden kann (Item 38), und die Bereitschaft der Mutter, beim
Kind zu sein (Item 56) und sich für seine Angelegenheiten
einzusetzen (Item 45), sind valide Hinweise auf kooperative
elterliche Voraussetzungen.

6.3.3. Aussagen der Mutter, die ihre Beziehung zum geistig
behinderten Kind beschreiben

Die Items 3 und 36 zeigen, in welchem Umfang sich die Mutter
mit dem Kind beschäftigt. Mütter, die nie oder nur manchmal
ihrem behinderten Kind bei der Hausaufgabe helfen (Item 3)
und sich keine Zeit nehmen, mit dem Kind zu spielen, (Item 36)
sind signifikant häufiger unkooperativ als Mütter, die mit
dem Kind Hausaufgaben machen und mit ihm häufig spielen. Die
Item 29 und 52 sprechen von der Belastung der Mutter durch
das behinderte Kind. Mütter, die sich durch ihr Kind immer
oder häufig überfordert fühlen (Item 52), sind zu 59,3% unkooperativ.

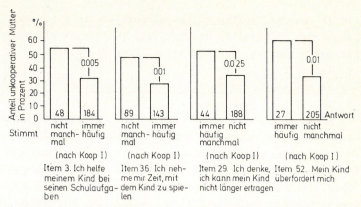

Abb. 8. Aussagen zur Beziehung der Mutter zum geistig behinderten Kind

44 Mütter gaben an, daß sie immer, häufig oder manchmal dachten, sie könnten ihr Kind nicht länger ertragen (Item 29), und bei ihnen müssen wir relativ häufig damit rechnen, daß Bedingungen für Unkooperativität vorliegen.

6.3.4. Aussagen der Mutter, die ihre Beziehung zur übrigen Familie betreffen

Hier sind die Items 8 und 65 angesprochen. Nur Item 65 trennt signifikant valide die unkooperative und kooperative Muttergruppe. Es ist bedeutsam, daß 53,8% der Mütter unkooperativ sind, die immer oder häufig mit den Erziehungsproblemen des

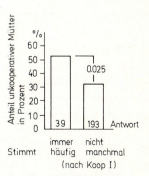

Abb. 9. Aussage zur Beziehung der Mutter zur Familie

Kindes von der Familie alleingelassen werden (Item 65). Werden
Mütter von der Familie unterstützt, ist der Anteil unkooperativer Mütter um etwa 20% signifikant niedriger.

6.3.5. Beziehung der Familie zur Nachbarschaft

Die Items 13, 21, 32 und 60 fragen nach Einflüssen auf die
Erziehung des Kindes, die von dem Verhalten der Nachbarschaft
ausgehen. Wir haben bereits darauf hingewiesen, daß die
Kindererziehung im allgemeinen und die Erziehung des geistig
behinderten Kindes im besonderen unter kinderfeindlichen
Reaktionen der Nachbarschaft zu leiden hat. Wir haben ver-
mutet, daß die gesellschaftliche Diskriminierung dazu führen
kann, daß sich die Mutter entweder von der Gesellschaft zu-
rückzieht, oder aber ihr Kind abzulehnen lernt. Unsere Ergebnisse stützen beide Hypothesen.

Aussagen der Mütter, daß die Nachbarschaft nur manchmal oder
nie freundlich zu ihrem Kind ist, indizieren unkooperative
Bedingungen (Item 60). Unkooperativität der Mutter ist auch
dann relativ wahrscheinlich, wenn sie ihrem Kind immer oder
häufig Dinge nicht erlauben kann, weil die Nachbarn sich sonst
beschweren würden (Item 32). Wir müssen das Ergebnis so verstehen, daß die Diskriminierung durch die Öffentlichkeit den
erzieherischen Einsatz der Mutter für das geistig behinderte
Kind gefährdet.

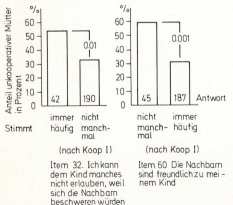

Item 32. Ich kann
dem Kind manches
nicht erlauben, weil
sich die Nachbarn
beschweren würden

Item 60. Die Nachbarn
sind freundlich zu mei-
nem Kind

Abb. 10. Aussagen zur Be-
ziehung zur Nachbarschaft

6.3.6. Aussagen der Mutter zur Therapie

Mit den Items 10, 16, 22 und 43 trifft die Mutter Aussagen
über den Wert der Therapie schlechthin (Item 16) bzw. über
ihre Mitarbeit bei der Therapie des Kindes (Items 10, 22,
43). Als Indikator für unkooperative Bedingungen scheint Item
22 besonders nützlich. Der Anteil unkooperativer Mütter ist
in der Müttergruppe signifikant erhöht, die aussagt, daß ein
guter Therapeut immer oder häufig ein Kind behandeln kann,
ohne dabei die Mutter zu beanspruchen. Eine Mutter, die die
Notwendigkeit ihrer Mitarbeit bei der therapeutischen Förderung des Kindes nicht erkannt hat, ist wahrscheinlich unkooperativer als eine Mutter, die äußert, daß ein guter Therapeut eigentlich nie oder nur selten das Kind ohne Mitarbeit
der Mutter behandeln wird (p = .05).

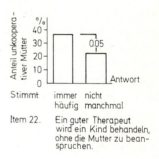

Item 22. Ein guter Therapeut
wird ein Kind behandeln,
ohne die Mutter zu bean-
spruchen.

Abb. 11. Aussage der Mutter zur
Therapie

6.3.7. Zusammenfassung der Aussagen im Mutterfragebogen, die Nichtkooperativität indizieren

Wir fassen die Aussagen des Mutterfragebogens zusammen, die
unverhältnismäßig und signifikant häufig von den Müttern ausgesprochen werden, die unkooperativ eingeschätzt wurden. Demnach lassen sich die unkooperativen Mütter, bei denen Bedingungen gegeben sind, die den erzieherisch therapeutischen
Einsatz wahrscheinlich behindern, folgendermaßen beschreiben:

- Die unkooperative Mutter legt keinen Wert darauf, Verabredungen einzuhalten.

- Kritik an ihrem Erziehungsverhalten läßt sie sich nur
manchmal oder gar nicht gefallen.
- Sie glaubt nicht, daß das Verhalten des Kindes durch Erziehung verändert werden kann, meint aber, es sei nicht
schlecht, wenn das Kind viel allein ist.
- Dem Kind sei es egal, ob sich die Mutter für seine Angelegenheiten interessiere oder nicht.
- Die Erziehung des Kindes befriedigt sie nicht oder nur
manchmal.
- Die unkooperative Mutter des geistig behinderten Kindes
gibt zu, daß sie ihrem Kind nur manchmal oder gar nicht bei
den Hausaufgaben hilft und sich auch nur selten Zeit nimmt,
mit dem Kind zu spielen.
- Sie fühlt sich durch ihr Kind so überfordert und meint, das
Kind nicht länger ertragen zu können.
- Unkooperative Verhältnisse treffen wir relativ wahrscheinlich an, wenn sich die Mutter mit der Erziehung des Kindes
von der Familie alleingelassen fühlt.
- Beklagt sich eine Mutter, daß die Nachbarschaft ihr Kind
unfreundlich behandelt und daß sie häufig Verbote aus-
sprechen muß, weil sie eine Beschwerde der Nachbarn fürchtet,
so müssen wir auch hier verstärkt mit Bedingungen rechnen,
die eine Mitarbeit der Mutter an der therapeutischen Förderung des Kindes erschweren.
- Schließlich ist die unkooperative Mutter signifikant häufiger als die kooperative Mutter der Auffassung, daß sich
die Mitarbeit der Mutter bei der Therapie des geistig behinderten Kindes immer oder häufig dann erübrigt, wenn der
Therapeut "gut" ist. Hingegen: Die Mehrzahl der kooperativen Mütter glaubt, daß ein guter Therapeut nur manchmal
die Therapie des Kindes übernimmt, ohne die Mutter zu beanspruchen.

Das Ergebnis hat eine zweifache Bedeutung: Gestörte Beziehungen innerhalb der Familie und gestörte Beziehungen außerhalb der Familie sind valide Indikatoren für Unkooperativität.
Sie indizieren Zustände oder Bedingungen, die den Wert der
Aussage herausbilden. Ergebnisse des soziographischen Frage-

bogens verweisen auf Fakten, die als Bedingungen jener Aussagen wahrscheinlich sind, die Unkooperativität indizieren.

6.4. Ergebnisse des soziographischen Fragebogens (SF)

1. Hinweise zu den Abbildungen
Im Säulendiagramm ist der Anteil unkooperativer Mütter in
Prozenten dargestellt. Sofern sich die Anteile unkooperativer
Mütter zwischen einzelnen Gruppen statistisch signifikant
unterscheiden, sind die zugehörigen Signifikanzniveaus einge-
tragen. Wenn nicht anders angegeben, gelten die Signifikanz-
werte für die zweiseitige Fragestellung. Die Ziffern in den
Klammern hinter den Gruppennamen entsprechen der Anzahl der
Mütter in den Gruppen.

Die in den Abbildungen angeführten statistischen Signifikanzen
beruhen auf dem Chi^2-Test für zwei unabhängige Gruppen, der
dann angewandt wurde, wenn sich nach dem Chi^2-Test für mehrere
unabhängige Gruppen ein signifikanter Zusammenhang zwischen
der soziographischen Variablen und Kooperativität ergeben
hatte (SIEGEL, 1956).

2. Hinweis zu den Tabellen
Die Tabellen liefern die Ergebnisse der Interkorrelation der
soziographischen Variablen. Angegeben sind die Signifikanzniveaus der Korrelationswerte (Kontingenzkoeffizienten) zwischen den Variablen. Die Interpretation (Art und Richtung)
der Korrelation ist aus der Tabelle nicht zu erkennen, sondern
muß aus der Verteilung der Rohdaten herausgearbeitet werden.
Sie wird im Begleittext zu jedem Item behandelt. Zur Korre-
lationsberechnung wurde der Kontingenzkoeffizoent herangezogen,
der dann signifikant ist, wenn der zugehörige Chi^2-Wert
signifikant ist. Bei den Interkorrelationen der soziographischen Variablen errechneten sich die Koeffizienten aus
unterschiedlich vielen Feldern, je nachdem ob eine soziographische Variable zwei, drei oder mehr Untergruppen umfaßte.
Die Kontingenzwerte der Variablenkorrelationen waren daher
nicht in jedem Fall vergleichbar. Deshalb haben wir in den

Tabellen lediglich das Signifikanzniveau des zugehörigen
Kontingenzkoeffizienten angeführt (SIEGEL, 1956). Dabei ist
zu bedenken, daß die Signifikanz des Korrelationskoeffizienten
keine Aussage über die Intensität des Zusammenhangs erlaubt.
Dazu will diese Untersuchung auch keine Aussage machen. Die
Signifikanzen sollen lediglich die Aufmerksamkeit auf die jeweils signifikant erscheinenden Zusammenhänge lenken. Sie be-
weisen keine Zusammenhänge, sondern fordern dazu auf, die
Korrelationen als Arbeitshypothesen zu verwenden, deren statistische und individuelle Validierung noch aussteht.

6.4.1. Alter der Mutter und des Problemkindes

Zwischen Alter der Mutter und Kooperativität errechnete sich
kein Zusammenhang. Auch das Alter des Problemkindes differenzierte nicht zwischen kooperativen und unkooperativen
Müttern. Das bestätigt das Ergebnis von SALZINGER (1970), nach
dem das therapeutische Interesse der Mütter unabhängig von
der Altersstufe des Kindes ist.

6.4.2. Familienstand der Mutter

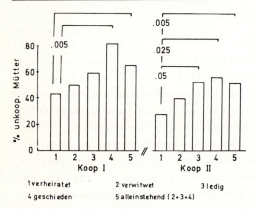

Abb. 12. Der prozentuale Anteil unkooperativer Mütter in
Abhängigkeit des Familienstandes der Mutter

Mehr als die Hälfte der alleinstehenden Mütter werden als
nicht kooperativ eingestuft, ein signifikant höherer Anteil

Tabelle 17. Familienstand der Mutter

Familienstand	--
Schulbildung	n.s.
Berufsbildung	n.s.
Berufsbildung des Vaters	n.s.
Entscheidungsbefugnisse des Vaters	n.s.
Berufsbeanspruchung	.01
Einkommen	.1
Mietverhältnisse	.1
Wohnverhältnisse	0.2
Fahrzeit	n.s.
Vorsprache	.1
Fürsorge für das Kind	n.s.
Gesundheit	n.s.
Behinderung	n.s.
Familienverhältnisse	.001
Kinderzahl	.05
Stellung in der Geschwisterreihe	n.s.

als bei den verheirateten Müttern. Die Korrelation mit den übrigen soziographischen Daten gibt interessante Aufschlüsse: Im Vergleich zur verheirateten Mutter ist die alleinstehende Mutter in unserer Gesellschaft starken Belastungen ausgesetzt, die die Kooperativität bei der therapeutischen Förderung des Kindes wesentlich behindern. Die alleinstehende Mutter lebt relativ häufiger in schlechter wirtschaftlicher Lage ($p \leq .02$).

Daher ist es nicht erstaunlich, daß sie signifikant häufiger als verheiratete Mütter ganz- oder halbtags berufstätig ist ($p \leq .01$). Dies ist umso schwerwiegender, als gerade die alleinstehenden (offenbar geschiedenen) Frauen signifikant häufiger fünf und mehr Kinder haben als verheiratete Mütter ($p \leq .05$) von den Alleinstehenden haben 20,5% (8 von 35 Müttern) fünf oder mehr Kinder, von den Verheirateten nur 8,4% (22 von 263 Müttern). Daraus wird deutlich, daß die Kinder der alleinstehenden Mütter meist in stark gestörten Familienverhältnissen aufwachsen ($p \leq .001$). Aufgrund dieser Ergebnisse glauben wir nicht, daß die alleinstehenden Mütter von der "Persönlichkeit" her relativ unkooperativ sind; vielmehr lassen ihre sozio-ökonomischen Verhältnisse kooperative Mitarbeit kaum zu; einer Vorsprache in der Schule z.B. stehen unverhältnismäßig häufig Hindernisse äußerer Art (Beruf, übrige Kinder) entgegen ($p \leq .1$).

6.4.3. Schulbildung der Mutter

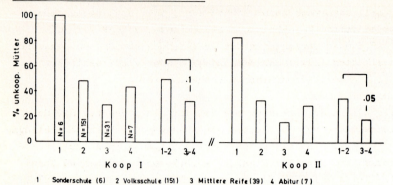

Abb. 13. Der prozentuale Anteil unkooperativ beurteilter
Mütter im Zusammenhang mit der Schulbildung der Mutter

Tabelle 18. Schulbildung der Mutter

Familienstand	n.s.
Schulbildung	--
Berufsbildung	.001
Berufsbildung des Vaters	.01
Entscheidungsbefugnisse	.001
Berufsbeanspruchung	.05
Einkommen	.001
Mietverhältnisse	.1
Wohnverhältnisse	.001
Fahrzeit	n.s.
Vorsprache	n.s.
Fürsorge für das Kind	.01
Gesundheit	n.s.
Behinderung	n.s.
Kinderzahl	.05
Stellung in der Geschwisterreihe	n.s.

Der Anteil unkooperativ eingestufter Mütter ist bei Müttern
mit Sonder- und Volksschulabschluß relativ erhöht (p ≤ .05
bzw. p ≤ .1). Mütter mit Mittlerer Reife oder Abitur sind
durchschnittlich kooperativer. Nach Koop 1 (Fähigkeitsskala)
wurde nicht eine der 6 Mütter mit Sonderschulbildung als
kooperativ eingestuft.

Wir haben bereits darauf hingewisen, daß Schulbildung das
Intelligenzniveau kennzeichnen kann, aber auch sozio-ökonomische Schichtzugehörigkeit reflektiert, so daß wir aufgrund dieser Variablen nicht entscheiden können, ob mangelnde
Intelligenz (bzw. Schulbildung) Kooperativität behindert
oder die sozio-ökonomischen Verhältnisse.

Tatsächlich ergeben sich aus den Korrelationen für die Ge-
sichtspunkte Belege. Mütter mit Sonder- oder Volksschulbildung
haben relativ häufig keine Berufsausbildung ($p \leq .001$),
ebensowenig ihre Ehemänner ($p \leq .01$). Dementsprechend üben
die Eltern meistens Berufe aus, in denen sie über keinerlei
Entscheidungsbefugnisse verfügen ($p \leq .001$). Diese Ergebnisse
sprechen dafür, daß die mangelnde Kooperativität der Mütter
mit Sonder- oder Volksschulbildung auf mangelnder Intelligenz
bzw. unzureichender Bildung beruht.

Die nachfolgenden Korrelationen weisen aber auch darauf hin,
daß die untere Bildungsschicht in relativ schlechten sozio-
ökonomischen Verhältnissen lebt, die wiederum die Kooperativität der Mutter behindern: Die wirtschaftliche Lage ist
signifikant schlechter als bei Müttern höherer Schulbildung
($p \leq .001$). Die Familien sind nur in Ausnahmefällen Eigentümer ihres Hauses oder ihrer Wohnung, sie leben relativ häufig in Mietverhältnissen ($p \leq .1$). Dementsprechend sind die
Wohnverhältnisse beengter als beim Durchschnitt der Mütter
mit höherer Schulbildung ($p \leq .001$). Von den Müttern niederer
Schulbildung haben 30% vier oder mehr Kinder, in der Müttergruppe mit Mittlerer Reife oder Abitur finden sich hingegen
nur 7,5% Familien mit 4 oder mehr Kindern ($p \leq .05$). Hinzu
kommt, daß die Mütter niederer Schulbildung, die durch die
durchschnittlich höhere Kinderzahl bereits stärker familiär
belastet sind, auch beruflich beansprucht werden. Mütter
niederer Schulbildung (und geringerer Berufsbildung) sind
signifikant häufiger berufstätig als Mütter höherer Schulbildung ($p \leq .05$)! Dies macht deutlich, warum die Fürsorge
der ungebildeten Mutter für das Kind viel häufiger unzuläng-
lich ist als bei höher gebildeten Müttern ($p \leq .01$).

6.4.4. Beruf des Vaters

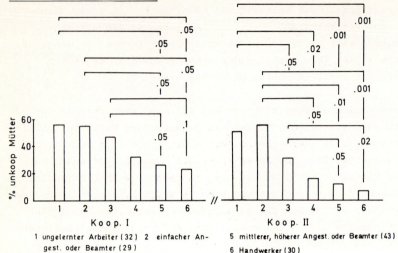

Abb. 14. Der prozentuale Anteil unkooperativ eingeschätzter Mütter im Zusammenhang mit dem Beruf des Ehemannes

Eindeutig kommt ein erhöhter Anteil <u>unkooperativer Mütter aus</u> <u>Familien, wo der Vater einfacher Angestellter oder Beamter</u> <u>oder ungelernter Arbeiter ist.</u>

Ordnen wir die Berufsgruppen hinsichtlich ihrer Kooperativität nach den Kriterien der Richtung, Höhe und Anzahl der signifikanten Korrelationen, so ergibt sich folgende Rangordnung der Kooperativität:

Beruf des Vaters	Kooperativität der Mutter	
1. einfacher Angestellter oder einf. Beamter	signifikant unkooperativ gegenüber Grpn. 3, 4, 5, 6	Gruppe mit relativ hohem Anteil <u>unkooperativer</u> Mütter
2. ungelernter Arbeiter	signifikant unkooperativ gegenüber Grpn. 4, 5, 6	
3. Facharbeiter	Kooperativ vs.: 1 Unkooperativ vs.: 5, 6	

Beruf des Vaters	Kooperativität der Mutter	
4. Akademiker	Kooperativ vs.: 1, 2	
5. Mittl. oder höh. Angest. oder Beamter	Kooperativ vs.: 1, 2, 3	Gruppe mit relativ hohem Anteil kooperativer Mütter
6. Handwerker	Kooperativ vs.: 1, 2, 3 (höhere Kontingenz- koeffizienten als 5)	

Die Korrelation der Berufsgruppen mit den übrigen soziographischen Variablen war mit Chi^2 nicht möglich, da die Er-
wartungswerte zu niedrig lagen.

6.4.5. Berufsbildung der Mutter

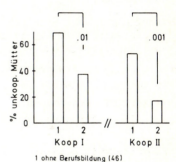

Abb. 15. Prozentanteil unkooperativer Mütter in Abhängigkeit
der Berufbildung der Mutter

1 ohne Berufsbildung (46)

2 mit Berufsbildung [systematische Ausbildung von mindestens drei Jahren(41)]

Mütter ohne Berufsausbildung werden signifikant häufiger unkooperativ eingestuft als Mütter mit Berufsausbildung.

Aus der Korrelation zwischen der Berufsausbildung und soziographischen Variablen wird deutlich, daß die Mütter ohne
Berufsausbildung durchschnittlich sozio-ökonomisch schlechter
gestellt sind und das Bildungsniveau der Eltern gering ist:
Die Mütter ohne Berufsausbildung haben zumeist die Sonder-
oder Volksschule besucht (p ≤ .001), die Ehemänner sind ebenfalls größtenteils beruflich nicht qualifiziert (p ≤ .05).
Im Beruf haben beide Elternteile relativ selten Entscheidungs-

Tabelle 19. Berufsbildung der Mutter

Familienstand	n.s.
Schulbildung	.OO1
Berufsbildung	--
Berufsbildung des Vaters	.O5
Entscheidungsbefugnisse	.OO1
Entscheidungsbefugnisse des Vaters	.O1
Berufsbeanspruchung	.O1
Einkommen	.OO1
Mietverhältnisse	n.s.
Wohnverhältnisse	.O5
Fahrzeit	n.s.
Vorsprache	.O5
Fürsorge für das Kind	.O1
Gesundheit	n.s.
Behinderung	.1
Familienverhältnisse	.1
Kinderzahl	.O1
Stellung in der Geschwisterreihe	n.s.

befugnisse (p ≤ .OO1 bzw. p ≤ .O1). Von den 46 Müttern ohne
Berufsausbildung, die wir in unserer Stichprobe erfaßt haben,
sind alle Mütter berufstätig, die Mehrzahl halbtags, demgegen-
über ist bei den 35 Müttern mit Berufsausbildung von den Berufstätigen der Großteil ganztags beschäftigt - insgesamt aber
üben Mütter mit Berufsausbildung relativ seltener ihren Beruf aus als Mütter ohne Berufsausbildung (p ≤ .O1).

Da die Mütter mit Berufsausbildung allgemein in relativ
besseren Wirtschafts- (p ≤ .O1) und Wohnverhältnissen (p ≤
.O5) leben als Mütter ohne Berufsausbildung ist die Berufstätigkeit der Frau nicht so existenznotwendig wie in einer
ökonomisch schwächeren Familie.

Bei den Müttern ohne berufliche Ausbildung gestalten sich die
innerfamiliären Verhältnisse außerdem schwieriger: signifikant
häufiger als bei beruflich gebildeten Müttern müssen die
Mütter ohne Berufsbildung 4 oder mehr Kinder versorgen (p ≤
.O1), der Anteil der leicht Behinderten ist in dieser Gruppe
erhöht (p ≤ .1); offensichtlich beruht die Verhaltensstörung
bei den leicht Behinderten auf Milieuschäden, die Familienverhältnisse sind relativ häufig gestört (p ≤ .1) und die Fürsorge für das Kind ist unzureichend (p ≤ .O1).

6.4.6. Berufsbildung des Vaters

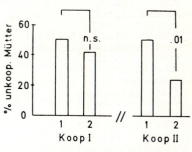

Abb. 16. Prozentanteil unkooperativer Mütter in Abhängigkeit der Berufsbildung des Vaters

1 ohne Berufsausbildung (44)
2 mit Berufsausbildung (170)

Tabelle 20. Berufsbildung des Vaters

Familienstand	n.s.
Schulbildung	.01
Berufsbildung	.05
Berufsbildung des Vaters	--
Entscheidungsbefugnisse	n.s.
Entscheidungsbefugnisse des Vaters	.001
Berufsbeanspruchung	n.s.
Einkommen	.001
Mietverhältnisse	.02
Wohnverhältnisse	.001
Fahrzeit	n.s.
Vorsprache	.01
Fürsorge für das Kind	.01
Gesundheit	.01
Behinderung	n.s.
Familienverhältnisse	.001
Kinderzahl	.1
Stellung in der Geschwisterreihe	.01

Auch die Berufsausbildung des Vaters erscheint als bedeutsamer Indikator für Kooperativität: Frauen, deren Ehemänner keine Berufsausbildung haben, sind signifikant häufiger unkooperativ als Mütter, deren Ehemänner eine zumindest dreijährige systematische Berufsausbildung absolviert haben.

Das berufliche Bildungsniveau der Ehepartner korreliert: beruflich gebildete Männer haben zumeist beruflich gebildete Frauen und Männer ohne Berufsbildung relativ häufiger Ehe-

frauen ohne Berufsbildung (p ≤ .05). Dieser Zusammenhang
rechtfertigt es, daß wir die Ergebnisse aus der Korrelation
der Berufsbildung des Vaters dazu verwenden, das Familien-
bild zu ergänzen, das wir oben bei der Berufsbildung der
Mutter festgestellt haben. Insgesamt werden die Beziehungen
nur gekräftigt. Beachtenswert ist das Ergebnis, daß in
sozio-ökonomisch schwachen Familien mit einem beruflich
nichtqualifizierten Vater der Gesundheitszustand der Mutter
wahrscheinlich schlecht ist (p ≤ .01).

Bei diesen Durchschnittsverhältnissen sind die Mütter häufig verhindert, in der Schule persönlich vorzusprechen
(p ≤ .01), es fehlt oft die Fürsorge für das behinderte
Kind, oder sie ist nur oberflächlich (p ≤ .01), und die
Mütter können bei der therapeutischen Förderung ihres behinderten Kindes nicht kooperativ mitwirken.

6.4.7. Entscheidungsbefugnis der Mutter im Beruf

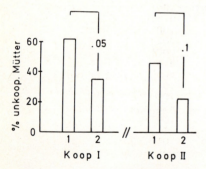

1 ohne Entscheidunsbefugnis (52)
2 mit Entscheidungsbefugnis (27)

Abb. 17. Prozentanteil unkooperativer Mütter im Zusammenhang mit Entscheidungsbefugnissen der berufstätigen Mutter
im Beruf

Da die Mehrzahl der Mütter nicht berufstätig ist, bleibt
unsere Stichprobe bei dieser Variable klein (N = 79). Eindeutig nach beiden Kooperativitätseinschätzungen gilt,

Tabelle 21. Entscheidungsbefugnis der Mutter im Beruf

Familienstand	n.s.
Schulbildung	.001
Berufsbildung	.001
Berufsbildung des Vaters	n.s.
Entscheidungsbefugnisse	--
Entscheidungsbefugnisse des Vaters	.01
Berufsbeanspruchung	.01
Einkommen	.05
Mietverhältnisse	n.s.
Wohnverhältnisse	n.s.
Fahrzeit	n.s.
Vorsprache	n.s.
Fürsorge für das Kind	.02
Gesundheit	n.s.
Behinderung	n.s.
Familienverhältnisse	n.s.
Kinderzahl	n.s.
Stellung in der Geschwisterreihe	n.s.

daß von den Müttern, die nicht über Entscheidungsbefugnis im Beruf verfügen, die Mehrzahl unkooperativ ist und sie damit signifikant zahlreicher sind als die Mütter, die im Beruf auch eigene Entscheidungen treffen können (p ≤ .05 nach Koop 1; p ≤ .1 nach Koop 2).

Die Aussage dieses Items verdeutlicht folgendes: Erstens sind Mütter mit Entscheidungsbefugnis signifikant häufiger ganztags berufstätig als Mütter ohne Entscheidungsbefugnis (p ≤ .01), zweitens wirkt sich die berufliche Belastung negativ auf die Kooperativität aus (Item 9), und drittens sind die beruftätigen Mütter mit Entscheidungsbefugnis trotzdem durchschnittlich kooperativer.

Hier haben wir ein Beispiel für Interaktion von Bedingungen. Mütter, die ganztags berufstätig sind, leben in besseren sozio-ökonomischen Verhältnissen. Sie leben unter Bedingungen, die Kooperativität fördern, so daß sie die kooperativitätswidrigen Einflüsse der Berufstätigkeit kompensiren können. Die berufliche Belastung ist also kein absolutes Hindernis für Kooperativität. Mütter mit Entscheidungsbefugnis, die beruflich stärker belastet sind, kümmern sich trotzdem signifikant intensiver um ihr Kind (p ≤ .02),

während Mütter ohne berufliche Entscheidungsbefugnis, die
beruflich weniger belastet sind, dennoch durchschnittlich
unkooperativer sind.

Die Unkooperativität der Mütter ohne Entscheidungsbefugnis
ist vielleicht durch die mangelhafte Bildung und schlechte
wirtschaftliche Lage dieser Gruppe zu erklären. Schul- und
Berufsbildung (mangelnde Intelligenz? mangelnde Chancen-
gleichheit der Unterschicht?) sind niedriger ($p \leq .001$)
und die wirtschaftliche Lage schlechter ($p \leq .05$) als bei
Müttern, die im Beruf auch selbständig Entscheidungen
treffen können.

6.4.8. Entscheidungsbefugnis des Vaters im Beruf

Mütter, deren Ehemänner Berufe ohne Entscheidungsbefugnisse
ausüben, sind signifikant häufiger unkooperativ als Mütter,
deren Ehemänner im Beruf Entscheidungen treffen ($p \leq .01$;
$p \leq .001$).

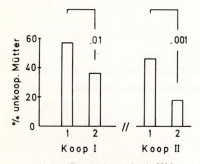

1 ohne Entscheidungsbefugnis (62)
2 mit Entscheidungsbefugnis (121)

Abb. 18. Prozentanteil unkooperativer Mütter im Zusammenhang mit der Entscheidungsbefugnis des Vaters im Beruf

Die Korrelation der Variable mit den anderen soziographischen
Items macht das Ergebnis verständlich. Mütter, deren Männer
keine Entscheidungsbefugnis haben, sind signifikant häufiger

berufstätig (vor allem halbtags) als Mütter der Vergleichs-
gruppe (p ≤ .05); die Schulbildung der Mutter (p ≤ .001)
und die Berufsbildung der Eltern (p ≤ .001; p ≤ .01) sind
signifikant niedriger; Wohnverhältnisse und wirtschaftliche Lage sind deutlich schlechter (p ≤ .001); die Familienverhältnisse sind häufiger gestört (p ≤ .01) und die
Gesundheit der Mütter schlechter (p ≤ .1).

Tabelle 22. Entscheidungsbefugnis des Vaters im Beruf

Familienstand	n.s.
Schulbildung	.001
Berufsbildung	.01
Berufsbildung des Vaters	.001
Entscheidungsbefugnisse	.01
Entscheidungsbefugnisse des Vaters	--
Berufsbeanspruchung	.05
Einkommen	.001
Mietverhältnisse	.01
Wohnverhältnisse	.001
Fahrzeit	n.s.
Vorsprache	.02
Fürsorge für das Kind	.001
Gesundheit	.1
Behinderung	n.s.
Familienverhältnisse	.01
Kinderzahl	n.s.
Stellung in der Geschwisterreihe	.1

Die Entscheidungsbefugnis des Vaters im Beruf ist damit
ein gewichtiger Indikator. Fehlt die Entscheidungsbefugnis
im Beruf (zumeist bei ungelernten Arbeitern und einfachen
Angestellten oder Beamten), so müssen wir mit ungünstigen
Kooperativitätsbedingungen rechnen, unter denen die Fürsorge für das Kind leidet (p ≤ .001) und die Vorsprachen
der Mutter in der Sonderschule verhindern (P ≤ .02).

6.4.9. Berufliche Beanspruchung der Mutter

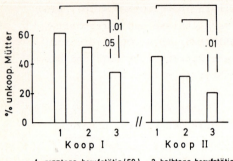

1 ganztags berufstätig (50)   2 halbtags berufstätig (58)

3 nicht berufstätig (109)

Abb. 19. Prozentanteil unkooperativer Mütter in Abhängigkeit von der beruflichen Beanspruchung der Mutter

Tabelle 23. Berufliche Beanspruchung der Mutter

Familienstand	.01
Schulbildung	.05
Berufsbildung	.01
Berufsbildung des Vaters	n.s.
Entscheidungsbefugnisse	.01
Entscheidungsbefugnisse des Vaters	.05
Berufsbeanspruchung	--
Einkommen	.1
Mietverhältnisse	n.s.
Wohnverhältnisse	n.s.
Fahrzeit	n.s.
Vorsprache	.001
Fürsorge für das Kind	.001
Gesundheit	n.s.
Behinderung	n.s.
Familienverhältnisse	.001
Kinderzahl	n.s.
Stellung in der Geschwisterreihe	n.s.

Die berufstätigen Mütter sind seltener kooperativ als die "Nur"-Hausfrau ($p \leq .05$). Berufstätig sind überwiegend die ledigen Mütter und die Mütter mit Sonder- oder Volksschulbildung. Bei den berufstätigen Müttern sind unverhältnismäßig häufig die Familienverhältnisse gestört ($p \leq .001$).

131

Hier wäre gerade eine intensive und besonnene Familienarbeit erforderlich. Die berufliche Beanspruchung aber gerade hindert sie daran: die Mütter sind sehr wahrscheinlich verhindert, wenn sie in der Schule vorsprechen möchten (p ≤ .001) und die Fürsorge für das Kind ist im Vergleich zur nichtberufstätigen Mutter signifikant häufiger oberflächlich oder gar nicht mehr gegeben (p ≤ .001).

6.4.10. Wirtschaftliche Lage der Familie

Je schlechter die wirtschaftliche Lage der Familie, desto wahrscheinlicher müssen wir mit Bedingungen rechnen, die eine Mutter an der therapeutischen Förderung ihres Kindes hindern.

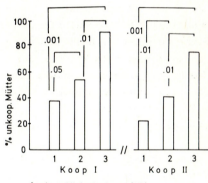

Abb. 20. Prozentanteil unkooperativer Mütter in Gruppen unterschiedlicher wirtschaftlicher Lage

Die wirtschaftliche Lage ist bei der alleinstehenden Mutter signifikant häufiger schlecht als bei der verheirateten Mutter (p ≤ .001).

Tabelle 24. Wirtschaftliche Lage

Familienstand	.001
Schulbildung	.001
Berufsbildung	.001
Berufsbildung des Vaters	.001
Entscheidungsbefugnisse	.05
Entscheidungsbefugnisse des Vaters	.001
Berufsbeanspruchung	.1
Einkommen	--
Mietverhältnisse	.001
Wohnverhältnisse	.001
Fahrzeit	n.s.
Vorsprache	.05
Fürsorge für das Kind	.001
Gesundheit	.001
Behinderung	.1
Familienverhältnisse	.001
Kinderzahl	.001
Stellung in der Geschwisterreihe	.001

Eine Mutter in wirtschaftlicher Notlage hat in der Regel
Sonder- oder Volksschulbildung und selten Mittlere Reife oder
Abitur ($p \leq .001$). Beide Elternteile haben zumeist keine
Berufsausbildung ($p \leq .001$) und üben dementsprechend Berufe
ohne Entscheidungsbefugnisse aus ($p \leq .05$; bzw. $p \leq .001$).
Die wirtschaftlich schwache Familie lebt unverhältnismäßig
häufig in beengten Wohnungen ($p \leq .001$), obwohl oder weil
viele dieser Familien vier oder mehr Kinder haben ($p \leq .001$).

Bei wirtschaftlich schlechter Lage sind die Familienverhältnisse überdurchschnittlich oft gestört ($p \leq .001$), und
der Gesundheitszustand der Mutter ist signifikant schlechter
als in wohlhabenden Familien ($p \leq .001$). In der wirtschaftlich bedrängten Situation ist die Fürsorge für das Kind
außergewöhnlich häufig unzureichend ($p \leq .001$).

6.4.11. Mietverhältnis

Die unkooperativen Mütter sind signifikant häufiger Mieter
als Eigentümer von Haus oder Wohnung ($p \leq .001$). Dem entspricht, daß die Mieter wirtschaftlich schlechter gestellt
sind ($p \leq .001$) und häufiger beengt wohnen ($p \leq .001$).

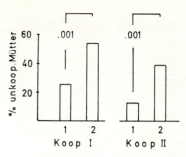

Abb. 21. Prozentanteil unkooperativer Mütter bei
unterschiedlichen Mietverhältnissen

1 Eigentümer von Haus oder Wohnung (54)
2 Haupt- oder Untermieter (151)

Tabelle 25. Mietverhältnisse

Familienstand	.1
Schulbildung	.1
Berufsbildung	n.s.
Berufsbildung des Vaters	.02
Entscheidungsbefugnisse	n.s.
Entscheidungsbefugnisse des Vaters	.01
Berufsbeanspruchung	n.s.
Einkommen	.001
Mietverhältnisse	--
Wohnverhältnisse	.001
Fahrzeit	.001
Vorsprache	.05
Fürsorge für das Kind	.001
Gesundheit	.01
Behinderung	n.s.
Familienverhältnisse	.1
Kinderzahl	n.s.
Stellung in der Geschwisterreihe	n.s.

Diese Mütter sind durchschnittlich oft weniger gesund (p ≤
.01) als Mütter mit einer eigenen Wohnung. Auffällig ist, daß
Mütter mit Eigentumswohnungen signifikant längere Fahrzeiten
(häufig mehr als 60 min) zur Sonderschule haben als Mütter,
die in Haupt- oder Untermiete leben (p ≤ .001) (Siehe dazu
6.4.13).

Obwohl die Mieter durchschnittlich kürzere Fahrzeiten zur
Schule haben, sind sie häufiger an Vorsprachen in der Schule
gehindert (p ≤ .05) und kümmern sich weniger intensiv um ihr
Kind (p ≤ .001) als Mütter aus der Gruppe der Wohnungseigen-
tümer.

6.4.12. Wohnverhältnisse

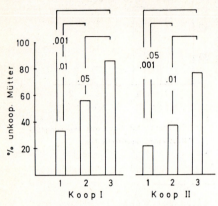

1 Großzügig oder gut (108) 2 ausreichend (56)

3 sehr beengt(23)

Abb. 22. Prozentualanteil unkooperativer Mütter bei unterschiedlichen Wohnverhältnissen

Tabelle 26. Wohnverhältnisse

Familienstand	O2
Schulbildung	.001
Berufsbildung	.05
Berufsbildung des Vaters	.001
Entscheidungsbefugnisse	n.s.
Entscheidungsbefugnisse des Vaters	.01
Berufsbeanspruchung	.01
Einkommen	.001
Mietverhältnisse	.001
Wohnverhältnisse	--
Fahrzeit	.05
Vorsprache	.01
Fürsorge für das Kind	.001
Gesundheit	.001
Behinderung	.1
Familienverhältnisse	.001
Kinderzahl	.001
Stellung in der Geschwisterreihe	.02

Die Wohnsituation hat eine positive Korrelation mit der allgemein wirtschaftlichen Lage der Familie und scheint als Indikator für unterschiedliche Kooperativität ähnlich ausgezeichnet brauchbar wie die wirtschaftliche Lage allgemein.

Die Graphik veranschaulicht, wie linear die Beziehung ist:
Je beengter die Wohnverhältnisse, desto mehr müssen wir mit
Bedingungen rechnen, die einer Mutter Kooperativität unmög-
lich machen.

Wo die Wohnverhältnisse beengt sind, haben wir es überdurchschnittlich häufig mit schulisch weniger gebildeten Müttern
zu tun ($p \leq .02$), die Eltern haben oft keine systematische
Berufsbildung ($p \leq .05$ bzw. $p \leq .001$), der Vater übt einen
Beruf ohne Entscheidungsbefugnis ($p \leq .01$) aus. Dementsprechend ungünstig ist die wirtschaftliche Situation der Familie
($p \leq .001$). Diese Situation betrifft besonders gesundheit-
lich labile Mütter mit vier oder mehr Kindern ($p \leq .001$). So
wird man gerade unter solchen Umständen gestörte Familienverhältnisse vorfinden ($p \leq .001$), in denen die Kinder ver-
wahrlosen ($p \leq .001$).

Daher kann die durchschnittlich geringere Fahrzeit zur Schule
($p \leq .05$) den negativen Einfluß der beengten Wohnverhältnisse
auf die Kooperativität nicht mehr ausgleichen.

6.4.13. Fahrzeit

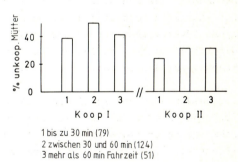

1 bis zu 30 min (79)
2 zwischen 30 und 60 min (124)
3 mehr als 60 min Fahrzeit (51)

Abb. 23. Prozentanteil unkooperativer Mütter bei unterschiedlichen Fahrzeiten von Wohnung zur Sonderschule

Die Anzahl unkooperativer Mütter ist bei den Gruppen mit
längerer Fahrzeit relativ größer. Dieser Unterschied ist

Tabelle 27. Fahrzeit von der Wohnung zur Sonderschule

Familienstand	n.s.
Schulbildung	n.s.
Berufsbildung	n.s.
Berufsbildung des Vaters	n.s.
Entscheidungsbefugnisse	n.s.
Entscheidungsbefugnisse des Vaters	n.s.
Berufsbeanspruchung	n.s.
Einkommen	n.s.
Mietverhältnisse	.001
Wohnverhältnisse	.05
Fahrzeit	--
Vorsprache	.1
Fürsorge für das Kind	n.s.
Gesundheit	n.s.
Behinderung	n.s.
Familienverhältnisse	n.s.
Kinderzahl	n.s.
Stellung in der Geschwisterreihe	n.s.

allerdings statistisch nicht signifikant. Sollte die Entfernung des Wohnortes tatsächlich ohne Einfluß auf die Kooperativität der Mutter sein?

Wir haben das Problem der Interpretation dieser Daten schon
eingangs bei der Darlegung der Interpretationsstrategie
behandelt. Aus den Rohdaten ist eindeutig abzulesen, und die
Prüfstatistik bestätigt die Tendenz ($p \leq .1$), daß persönliche Rücksprachen der Mütter in der Sonderschule umso häufiger
nicht möglich ist, je länger die Fahrzeit der Mutter von der
Wohnung zur Schule ist.

Die beiden anderen signifikanten Ergebnisse weisen darauf hin
warum die Kooperativität mit entfernterem Wohnort durchschnittlich trotzdem nicht signifikant nachläßt. Von den
Eigentümern von Haus oder Wohnung müssen 54,6% (18 von 33
Müttern) mehr als 60 min fahren; von den Müttern, die in
Miete leben, dagegen nur 13,7% (18 von 137 Müttern), ein signifikanter Unterschied ($p \leq .001$).

Dementsprechend leben von den Müttern in großzügigen Wohnverhältnissen 25% (24 von 96 Müttern) mehr als 60 Fahrminuten
entfernt und von den Müttern in ausreichenden oder sehr be-

engten Wohnverhältnissen nur 11% (8 von 71 Müttern), signifikant weniger (p ≤ .05).

Nun wissen wir aber, daß Eigentümer von Wohnungen und Mütter,
die in großzügigen Wohnverhältnissen leben, in der Regel
kooperativer sind als Mütter in beengten Mietwohnungen.

Damit erscheint das unsignifikante Ergebnis in Abbildung 25 in
einem neuen Licht. Längere Fahrzeit erhöht den Anteil unkooperativer Mütter statistisch nicht signifikant, weil - statistisch gesehen in unserer Stichprobe - das Hindernis der
längeren Fahrzeit durch die besseren sozio-ökonomischen Bedingungen (d.h. auch Kooperativitätsbedingungen) kompensiert
wird, in denen Mütter mit mehr als 60 min Fahrzeit leben.

Wir müssen das Ergebnis daher neu interpretieren: Sind die
sozio-ökonomischen Bedingungen gleich, dann ist bei jenen
Müttern die Kooperativität relativ weniger wahrscheinlich, die
weiter als 30 Fahrminuten von der Sonderschule (therapeu-
tischem Zentrum) wegwohnen. Lebt die Familie aber in einer
eigenen Wohnung und in großzügigen Wohnverhältnissen, so
sind Bedingungen indiziert, daß eine Fahrzeit von mehr als
30 min nur relativ selten ein Hindernis für Kooperativität
darstellt.

Auch das Ergebnis von SHELLOW (1963), nach dem Eltern, die
weiter vom Therapieort wegwohnten, länger mitarbeiten, dürfte
ähnlich zu interpretieren sein.

6.4.14. Persönliche Vorsprachen sind mit Hindernissen verbunden

Das Item zeigt unsere Unsicherheit vor der Untersuchung. Bei
einer Reihe von Bedingungen (Möglichkeit, für kleinere Geschwister eine Aufsicht zu finden, während die Mutter in der
Schule ist; Pflegefall in der Familie etc.) konnten wir
nicht abschätzen, ob sie Kooperativität beeinflussen. Wir
faßten sie unspezifisch zusammen: "Die Vorsprache beim Lehrer
ist mit Hindernissen verbunden."

138

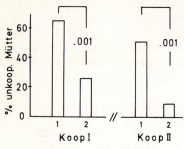

Abb. 24. Prozentanteil unkooperativer Mütter je nachdem, ob
Vorsprachen der Mütter behindert
sind oder nicht

1 Vorsprache behindert (142)
2 Vorsprache nicht behindert (151)

Tabelle 28. Behinderung der Vorsprache beim Lehrer

Familienstand	.1
Schulbildung	n.s.
Berufsbildung	.05
Berufsbildung des Vaters	.01
Entscheidungsbefugnisse	n.s.
Entscheidungsbefugnisse des Vaters	.02
Berufsbeanspruchung	.001
Einkommen	.05
Mietverhältnisse	.05
Wohnverhältnisse	.01
Fahrzeit	.1
Vorsprache	--
Fürsorge für das Kind	.001
Gesundheit	n.s.
Behinderung	.1
Familienverhältnisse	.001
Kinderzahl	n.s.
Stellung in der Geschwisterreihe	.001

Abbildung 24 zeigt, daß ein enger Zusammenhang zwischen Behinderung der Vorsprache und Kooperativität besteht. Doch
erst die Interkorrelationen der soziographischen Variablen
weist uns darauf hin, was sich hinter dem Wort "Hindernis"
verbirgt.

Tabelle 28 gibt dazu einige Aufschlüsse: Die ledige Mutter
ist häufiger am Schulbesuch gehindert als die verheiratete
($p \leq .1$). Wir wissen (Item 3), daß die alleinstehende Mutter
häufiger berufstätig ist als die verheiratete Mutter. Hier
wird uns bestätigt, daß vor allem die Berufstätigkeit die
Mutter an der Zusammenarbeit bei der therapeutischen Förde-

<u>rung des Kindes hindert.</u> Von den ganztätig Berufstätigen sind
81,3% (39 von 48 Müttern) an der Vorsprache gehindert, bei
halbtätiger oder stundenweiser Berufstätigkeit sind es knapp
50% (28 von 57 Müttern). Bei den beruflich nicht beanspruchten
Müttern ("Nur Hausfrau") sind es mit 32,3% (34 von 105 Müttern)
signifikant weniger an einer Vorsprache in der Schule behindert (p ≤ .001).

Es dürfte bei der politischen Ohnmacht des Therapeuten selten
gelingen, die Aufgabe des Berufes bei der Mutter zu rechtfertigen, um damit eine bessere Fürsorge für das Kind zu ge-
währleisten (die bei berufstätigen Müttern signifikant
schlechter ist, Item 9), weil sich gerade diese Mutter - trotz
Berufstätigkeit - meist in wirtschaftlicher Notlage befindet.
Ist die Vorsprache behindet, so ist auch die wirtschaftliche
Lage relativ häufig schlecht (p ≤ .05), und/oder es sind die
Wohnverhältnisse beengt (p ≤ .01). Der Beruf dient der unkooperativen Berufstätigen meistens der materiellen Existenz-
sicherung der Familie.

Ist jedoch eine Mutter, die in schlechter wirtschaftlicher
Situation lebt, berufstätig, so ist ihr eine Zusammenarbeit
zur erzieherischen Förderung des Kindes meistens unmöglich.
Kooperativität und eine ausreichende Fürsorge für das Kind
durch die Mutter wäre erst möglich, wenn die wirtschaftlich
gefährdete Mutter für die Erziehungsarbeit an ihrem Kind so
entlohnt würde, daß sie sozio-ökonomisch gesichert wäre und
sich weitere Berufstätigkeit erübrigte.

Relativ häufig ist die Vorsprache in der Schule bei den
Familien behindert, in denen die Elternbeziehung gestört ist
(p ≤ .001). Dies mag nicht nur daran liegen, daß gleichzeitig die Beziehung der Mutter zum Kind gestört ist, sondern
auch daran, daß bei gestörten Familienverhältnissen die Mutter
oft alleingelassen und damit überfordert wird.

Bemerkenswert ist, daß bei Problemkindern, die die Position
des ältesten oder mittleren Kindes in der Geschwisterreihe
einnehmen, mit 70% der Mütter (84 von 120) signifikant mehr

Mütter an der Vorsprache gehindert sind als Mütter von jüngsten Kindern in der Geschwisterreihe: hier sind nur 39% (39
von 100 Müttern) an der Vorsprache gehindert (p ≤ .001). Dies
ist zweifellose ein Hinweis darauf, daß bei den Problemkindern, die die älteste oder mittlere Geschwisterposition
einnehmen, die Mutter noch kleinere Kinder hat, die sie nicht
ohne Aufsicht lassen kann, so daß ihr der Schulbesuch erschwert ist.

6.4.15. Fürsorge für das Kind

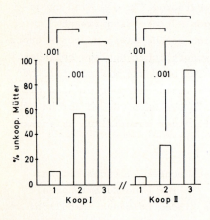

1 sehr intensiv (118)   2 normal (133)
3 oberflächlich oder gar nicht (48)

Abb. 25. Prozentanteil unkooperativer Mütter bei
unterschiedlicher Fürsorge
für das Kind

Keine andere Variable des soziographischen Fragebogens korreliert so hoch mit der Kooperativität wie die Fürsorge der
Mutter für das Kind. Zweifellos ist die Fürsorge für das Kind
ein Faktor des Kooperativitätsbegriffs, der den Kooperativitätsskalen bzw. dem Kooperativitätsurteil der Lehrer zugrunde-
liegt. Wir dürfen annehmen, daß soziographische Variablen,
die mit der Intensität der mütterlichen Fürsorge korrelieren,
auch in besonders engem Zusammenhang zur Kooperativität überhaupt stehen.

Abbildung 25 zeigt eine lineare Beziehung. Je intensiver sich
eine Mutter im allgemeinen um das behinderte Kind kümmert,
umso wahrscheinlicher wird die Mutter als kooperativ einge-

Tabelle 29. Fürsorge der Mutter für das behinderte Kind

Familienstand	n.s.
Schulbildung	.01
Berufsbildung	.1
Berufsbildung des Vaters	.01
Entscheidungsbefugnisse	.02
Entscheidungsbefugnisse des Vaters	.01
Berufsbeanspruchung	.001
Einkommen	.001
Mietverhältnisse	.001
Wohnverhältnisse	.001
Fahrzeit	n.s.
Vorsprache	.001
Fürsorge für das Kind	--
Gesundheit	n.s.
Behinderung	.01
Familienverhältnisse	.001
Kinderzahl	.001
Stellung in der Geschwisterreihe	.01

schätzt. Eine Mutter, die sich generell oberflächlich oder
gar nicht um ihr behindertes Kind kümmert, arbeitet im sel-
tensten Fall bei der therapeutischen Förderung des Kindes
mit.

Dies wird durch die sozio-ökonomischen Umstände verdeutlicht,
in der sich die Mehrzahl der Mütter befindet, die sich ungenügend um ihr Kind kümmern.

Die Signifikanzen zeigen, daß die Zusammenhänge, die wir aus
den Rohdaten ablesen können, kaum zufällig sind. Je weniger
sich eine Mutter um ihr Kind kümmert, desto wahrscheinlicher
hat die Mutter Sonder- oder Volksschulbildung ($p \leq .01$),
haben die Eltern keine abgeschlossene Berufsausbildung (Mutter
$p \leq .1$; Vater $p \leq .01$) und üben die Eltern Berufe aus, in
denen sie keine Entscheidungsbefugnisse haben (Mutter $p \leq .02$;
Vater $p \leq .001$).

Die Fürsorge um das Kind nimmt umso stärker ab, je mehr die
Mutter zeitlich durch Berufstätigkeit belastet ist ($p \leq .001$).
Je schlechter die wirtschaftliche ($p \leq .001$) und wohnliche
Situation ($p \leq .001$) ist, desto weniger können wir mit Be-
dingungen rechnen, die es einer Mutter erlauben, sich aus-

reichend intensiv mit dem behinderten Kind zu beschäftigen.
Die Vorsprachen beim Lehrer sind gerade bei den Müttern am
häufigsten behindert, die sich am wenigsten um ihr Kind kümmern können (p ≤ .001) und daher den Kontakt zur Schule am
nötigsten hätten. Sie sind meist berufstätig (p ≤ .001) und/
oder haben relativ viel häufiger fünf und mehr Kinder (p ≤
.001) und/oder leben viel öfter in gestörten Familienverhältnissen als Mütter, die sich normal intensiv um ihr Kind
kümmern (p ≤ .001).

16,3% (48 von 294) der Mütter kümmern sich nur oberflächlich
oder gar nicht um das Kind - aus dieser Gruppe kommen aber
33,4% der leicht Behinderten, signifikant mehr als erwartet
(p ≤ .01). Wir schließen daraus, daß die leicht Behinderten
primär weniger organisch, sondern mehr durch Erziehungsmängel
geschädigt sind und daß ein Teil dieser Kinder bei besseren
sozio-ökonomischen Familienverhältnissen zumindest das Niveau
der Lernbehindertenschule erreichen könnten.

Zusammenfassend können wir sagen: Wo die Mutter sich allgemein
oberflächlich oder gar nicht um das behinderte Kind kümmert,
sind meist Bedingungen indiziert, die einer Mutter die Mitarbeit an der therapeutischen Förderung des Kindes sehr erschweren; die kooperativitätswidrigen Bedingungen sind meistens in schlechten sozialen und/oder ökonomischen Familienverhältnissen zu suchen.

6.4.16. Gesundheitszustand der Mutter

Der Gesundheitszustand der Mutter scheint die Kooperativität
der Mutter in der Regel nicht entscheidend zu behindern.
Jedenfalls ergaben sich erstaunlicherweise keine statistisch
signifikanten Zusammenhänge.

Denn die kränklichen Mütter leben ungewöhnlich oft in kooperativitätswidrigen Verhältnissen: die wirtschaftliche Lage ist
schlecht (p ≤ .001), die Wohnverhältnisse sind beengt (p ≤
.001), der Ehemann hat keine abgeschlossene Berufsausbildung
(p ≤ .01) und keine Entscheidungsbefugnisse im Beruf (p ≤ .1).

Tabelle 30. Gesundheit der Mutter

Familienstand	n.s.
Schulbildung	n.s.
Berufsbildung	n.s.
Berufsbildung des Vaters	.01
Entscheidungsbefugnisse	n.s.
Entscheidungsbefugnisse des Vaters	.1
Berufsbeanspruchung	n.s.
Einkommen	.001
Mietverhältnisse	.01
Wohnverhältnisse	.001
Fahrzeit	n.s.
Vorsprache	n.s.
Fürsorge für das Kind	n.s.
Gesundheit	--
Behinderung	n.s.
Familienverhältnisse	.01
Kinderzahl	n.s.
Stellung in der Geschwisterreihe	n.s.

Wo die Mutter häufig krank ist, sind ungewöhnlich oft auch die Familienverhältnisse gestört (p ≤ .01).

Eine Erklärung, warum die kränkelnde Mutter, die zudem relativ häufig in schlechten sozio-ökonomischen Verhältnissen lebt, nicht signifikant unkooperativer ist als die gesunde Mutter, können wir nicht geben. Wir können nur mutmaßen, daß bei der kranken Mutter ein unmittelbar persönlicher Leidensdruck besteht; sie sucht in der Therapie nicht nur Hilfe für das Kind, sondern erwartet auch für sich selbst Erleichterungen und arbeitet daher in der Therapie mit, obwohl sie in der Regel durch schlechte sozio-ökonomische Bedingungen belastet ist.

6.4.17. Schwere der Behinderung des Kindes

Aus der Abbildung 29 wird nach beiden Kooperativitätseinschätzungen deutlich, daß bei relativ leichter Behinderung des Kindes der Anteil unkooperativer Mütter erhöht ist. Die Mütter, deren Kinder relativ schwer behindert sind, gelten durchschnittlich als kooperativer. Dies wird auch deutlich in der signifikanten Korrelation mit dem Item 6.4.15: Die Fürsorge der Mutter für das Kind ist bei relativ schwerer

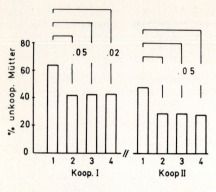

Abb. 26. Prozentanteil unkooperativer Mütter im
Zusammenhang mit der Schwere
der Behinderung des Kindes

Tabelle 31. Schwere der Behinderung

Familienstand	n.s.
Schulbildung	n.s.
Berufsbildung	.1
Berufsbildung des Vaters	n.s.
Entscheidungsbefugnisse	n.s.
Entscheidungsbefunisse des Vaters	n.s.
Berufsbeanspruchung	n.s.
Einkommen	.1
Mietverhältnisse	n.s.
Wohnverhältnisse	.1
Fahrzeit	n.s.
Vorsprache	.1
Fürsorge für das Kind	.01
Gesundheit	n.s.
Behinderung	--
Familienverhältnisse	.05
Kinderzahl	.02
Stellung in der Geschwisterreihe	.05

Behinderung signifikant häufiger gut als bei leichter Behinderung.

Wir glauben nicht, daß die geringere Kooperativität der Mütter
von Leichtbehinderten nur durch den relativ niedrigen Leidens-
druck der Mutter und die geringere Hilfsbedürftigkeit des
Kindes erklärbar ist. Vielmehr dürfte in der Gruppe der
Leichtbehinderten die Unkooperativität der sozio-ökonomischen
Unterschicht zum Ausdruck kommen.

Die Variable korreliert auffällig mit Variablen des ökonomischen Status der Familie. Die leicht Behinderten stammen zur
Mehrzahl aus Familien, in denen Mütter keine Berufsausbildung
haben (p ≤ .1), die sich in schlechter wirtschaftlicher Lage
befinden (p ≤ .1), in der fünf oder mehr Kinder vorhanden
(p ≤ .02) und die Familienverhältnisse gestört sind (p ≤ .05).

Die leicht behinderten Kinder nehmen relativ häufig eine
mittlere Stellung in der Geschwisterreihe ein (p ≤ .05).
Diese mittlere Stellung ist in unserer Untersuchung ein Indikator für ökonomisch schwache und kinderreiche Familien.

Wir nehmen daher an, daß die leicht Behinderten in unserer
Stichprobe weniger zur Population der geistig Behinderten gehören, sondern eher zu den Lernbehinderten, deren Verhaltensstörungen besonders stark von Milieubedingungen verursacht
werden, d.h. von unzureichenden Familienverhältnissen.

Daß der Anteil unkooperativer Mütter in der Gruppe der leicht
behinderten Kinder relativ erhöht ist, dürfte nicht allein
vom Behinderungsgrad bestimmt sein. Er ist teilweise auch dadurch begründet, daß diese Mütter überdurchschnittlich häufig der sozio-ökonomisch schwächsten Schicht angehören, in der
die Bedingungen für Kooperativität schlecht sind.

6.4.18. Familienverhältnisse

Sind die Familienverhältnisse stark gestört oder die Ehen geschieden oder leben die Eltern getrennt, so ist nach Koop 1
zu erwarten, daß zwischen 80 und 90% der Mütter unkooperativ
sind; nach Koop 2 sind es zwischen 55 und 85% der Mütter.

Die Mütter unserer Stichprobe, deren Familienverhältnisse gestört sind, leben meistens in höchst ungünstigen sozio-
ökonomischen Bedingungen. Im Vergleich zu den Familien in
normalen Verhältnissen ist in gestörten Familien der Anteil
der Väter, die keine Berufsausbildung (p ≤ .001) haben und
Berufe ohne Entscheidungsbefugnisse ausüben (p ≤ .001), signi-

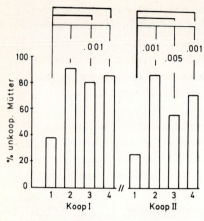

1 normal (281) 2 stark gestört (21)
3 geschiedene oder getrennte Ehe (21)
4 nicht normal (2+3)(42)

Abb. 27. Prozentanteil unkooperativer Mütter bei
unterschiedlichen Familienverhältnissen

Tabelle 32. Familienverhältnisse

Familienstand	.001
Schulbildung	n.s.
Berufsbildung	.1
Berufsbildung des Vaters	.001
Entscheidungsbefugnisse	n.s.
Entscheidungsbefugnisse des Vaters	.01
Berufsbeanspruchung	.001
Einkommen	.001
Mietverhältnisse	.1
Wohnverhältnisse	.001
Fahrzeit	n.s.
Vorsprache	.001
Fürsorge für das Kind	.001
Gesundheit	.01
Behinderung	.05
Familienverhältnisse	--
Kinderzahl	.02
Stellung in der Geschwisterreihe	.001

kant erhöht; die wirtschaftliche Lage der Mutter ist relativ
häufig schlecht (p ≤ .001) und die Wohnverhältnisse sind
beengt (p ≤ ,001).

Je stärker die berufliche Belastung der Mutter, desto häufiger
sind die Familienverhältnisse gestört. In 32,6% der Fälle
(15 von 46 Familien), in denen die Mutter ganztags berufstätig

ist, sind die Familienverhältnisse gestört; bei den halbtags
Berufstätigen sind es immer noch 12,7% (7 von 55 Familien).
Ist die Mutter aber nicht berufstätig, sind nur 3,8% (4 von
106 Familien) der Familienverhältnisse nicht normal (Signifikanz der Unterschiede ist p ≤ .001)!

42,5% (17 von 40 Familien) der gestörten Familien haben vier
und mehr Kinder, während bei den normalen Familien dieser Anteil nur 22,4% beträgt (61 von 271 Familien) und damit signifikant niedriger (p ≤ .01) ist.

Es ist ein Teufelskreis: Bei den gestörten Familienverhältnissen ist die Kinderzahl oft groß (vier und mehr Kinder), so
daß die Erziehungsarbeit der Mutter umso nötiger wäre. Gerade
unter diesen Umständen aber steht die Mutter meist allein
(p ≤ .001) oder sie kann sich den Kindern nicht widmen, weil
sie berufstätig ist (p ≤ .001). Gleichzeitig ist die Mutter
relativ oft kränklich (p ≤ .001). Dementsprechend ist die Fürsorge für das Kind meist ungenügend (p ≤ .001), und die Mutter
verhält sich unkooperativ bei der therapeutischen Förderung
ihres behinderten Kindes (p ≤ .001).

6.4.19. Kinderzahl

Abbildung 28 und Tabelle 33 zeigen, daß wir bei Müttern mit
vier und mehr Kindern signifikant häufig Bedingungen vorfinden, die unkooperatives Verhalten der Mutter bestimmen.
Die Korrelation mit den soziographischen Items weist darauf
hin, daß bei den kinderreichen Familien relativ häufig die
sozio-ökonomischen Verhältnisse schlecht sind. Bei den 30
Familien mit fünf und mehr Kindern sind 20,5% (8 Mütter)
alleinstehend, mehr als es dem Anteil der Alleinstehenden von
13,5% an der Gesamtstichprobe entspricht.

Alleinstehende mit vier und mehr Kindern haben seltener Mittlere Reife oder Abitur als verheiratete Mütter mit vier oder
mehr Kindern (p ≤ .05). Auch hat die Mutter in den größeren
Familien relativ häufiger keine Berufsbildung (p ≤ .01).

148

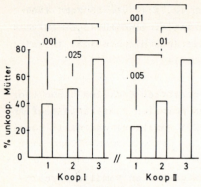

1   Eins bis drei Kinder (245)   2 vier Kinder (50)
3   fünf und mehr Kinder (30)

Abb. 28. Prozentanteil unkooperativer Mütter bei
unterschiedlicher Kinderzahl
der Familien

Tabelle 33. Kinderzahl

Familienstand	.05
Schulbildung	.05
Berufsbildung	.01
Berufsbildung des Vaters	.1
Entscheidungsbefugnisse	n.s.
Entscheidungsbefugnisse des Vaters	n.s.
Berufsbeanspruchung	n.s.
Einkommen	.001
Mietverhältnisse	n.s.
Wohnverhältnisse	.001
Fahrzeit	n.s.
Vorsprache	n.s.
Fürsorge für das Kind	.001
Gesundheit	n.s.
Behinderung	.02
Familienverhältnisse	.02
Kinderzahl	--
Stellung in der Geschwisterreihe	.001

Bei vier und mehr Kindern ist die wirtschaftliche Lage durchschnittlich ungünstig (p ≤ .001), die Wohnsituation sehr beengt (p ≤ .001), und die Familienverhältnisse sind ungewöhnlich oft gestört (p ≤ .02).

Auffallend ist, daß Mütter mit mehr als drei Kindern ebenso
häufig berufstätig sind wie Mütter mit weniger als drei
Kindern; auffallend deshalb, weil Mütter mit vier und mehr
Kindern wesentlich stärker in der Familie beansprucht werden

als andere. Gleichzeitig stellen wir fest, daß Mütter mit vier
und mehr Kindern sich durchschnittlich in schlechter wirtschaftlicher Lage befinden, so daß wir vermuten können, daß
viele von ihnen aufgrund der wirtschaftlichen Notlage zur
Berufstätigkeit gezwungen werden.

Bei vier und mehr Kindern müssen wir die Faktoren für die
Nichtkooperativität der Mutter außer in erhöhter familiärer
Beanspruchung darin sehen, daß sie meist schulisch und beruflich weniger gebildet ist, daß die wirtschaftliche Lage
und Wohnbedingungen relativ schlecht sind und wir häufig gestörte Familienverhältnisse vorfinden.

6.4.20. Stellung des behinderten Kindes in der Geschwisterreihe

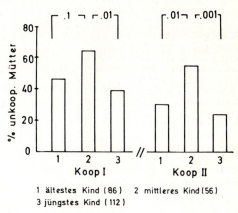

1 ältestes Kind (86)   2 mittleres Kind (56)
3 jüngstes Kind (112)

Abb. 29. Prozentanteil unkooperativer Mütter bei unterschiedlicher Geschwisterposition des behinderten Kindes

Nimmt das behinderte Kind eine mittlere Stellung in der Geschwisterreihe ein, so ist Unkooperativität der Mutter wahrscheinlicher, als wenn das Problemkind das Älteste oder
Jüngste in der Geschwisterreihe ist.

Die Korrelation mit Item 24 zeigt, daß die mittleren Problemkinder in der Mehrzahl aus den großen Familein mit vier und

Tabelle 34. Stellung des Kindes in der Geschwisterreihe

Familienstand	n.s.
Schulbildung	n.s.
Berufsbildung	n.s.
Berufsbildung des Vaters	.01
Entscheidungsbefugnisse	n.s.
Entscheidungsbefugnisse des Vaters	.1
Berufsbeanspruchung	n.s.
Einkommen	.001
Mietverhältnisse	n.s.
Wohnverhältnisse	.02
Fahrzeit	n.s.
Vorsprache	.001
Fürsorge für das Kind	.01
Gesundheit	n.s.
Behinderung	.05
Familienverhältnisse	.001
Kinderzahl	.001
Stellung in der Geschwisterreihe	--

mehr Kindern kommen, hingegen stammen die ältesten und jüngsten Problemkinder meistens aus Familien bis zu drei Kindern
($p \leq .001$). Daß die Kooperativität der Mutter beim mittleren
Kind seltener und auch die Fürsorge bei ihm verhältnismäßig
schlecht ist ($p \leq .01$), liegt nicht nur daran, daß das behinderte Kind eine mittlere Position in der Geschwisterreihe
einnimmt.

Bei unserer Art der Datenerhebung ist die "mittlere Stellung
in der Geschwisterreihe" Indikator für ungünstigere sozio-
ökonomische Familienverhältnisse. So indiziert eine mittlere
Stellung in der Geschwisterreihe in unserer Untersuchung
eine signifikant schlechtere wirtschaftliche Lage der Familie
im Vergleich zu den Familien, wo das Problemkind ältestes
oder jüngstes ist ($p \leq .001$). Auch ist beim mittleren Kind
die Berufsausbildung des Vaters durchschnittlich geringer
($p \leq .01$), die Wohnverhhältnisse sind beengter ($p \leq .02$),
und die Familienverhältnisse sind beim mittleren Kind signifikant häufiger gestört als beim Ältesten oder Jüngsten in
der Geschwisterreihe ($p \leq .001$).

Daß das mittlere Kind weniger Fürsorge erhält als älteste
oder jüngste Kinder, entspräche den Ergebnissen der psycho-

analytisch orientierten Sozialisationsforschung für Familien
mit drei Kindern. FÜRSTENAU (1971, S. 33) z.B. stellt zusammenfassend fest: "Das älteste Kind hat am meisten Aussicht, sich
mit dem gleichgeschlechtlichen Elternteil zu identifizieren
und dementsprechend Autorität gegenüber seinen jüngeren Geschwistern auszuüben, das jüngste große Chance, verwöhnt zu
werden. Das mittlere (von drei) Geschwistern läuft Gefahr,
hinsichtlich Liebe und Zuwendung zu kurz zu kommen ...!"

In unserer Stichprobe - die sich nicht auf die Familie mit
drei Kindern beschränkte - ist die vernachlässigte Position
des mittleren Kindes nicht nur durch die Eigenart der Fa-
milienstruktur (Positionseffekt) erklärt, sondern auch dadurch, daß die mittleren Kinder signifikant häufiger in
einem sozio-ökonomisch ungünstigeren Milieu aufwachsen als
die Kinder unserer Stichprobe, die die älteste oder jüngste
Stellung in der Geschwisterreihe einnehmen.

Bei der Korrelation mit "persönliche Vorsprache" wird ein
Effekt deutlich, der weniger auf sozio-ökonomische Bedingungen
zurückzuführen ist, sondern sich mehr aus der Position des
Kindes in der Geschwisterreihe erklärt. Die Vorsprache der
Mutter in der Schule ist bei den ältesten und mittleren Kindern signifikant häufiger erschwert als beim jüngsten Kind
in der Geschwisterreihe (p ≤ .001). Wir schließen daraus, daß
bei den älteren in der Geschwisterreihe die Mutter häufig
mit der Aufsichtspflicht für das jüngste unselbständige Kind
an das Haus gebunden ist.

Die Kooperativität der Mutter kann beim mittleren Kind aus
zwei Gründen eingeschränkt sein. Zum einen weist die mittlere
Stellung darauf hin, daß das Kind wahrscheinlich aus einer
kinderreichen und oft sozio-ökonomisch schwachen Familie kommt,
wobei die schlechten Milieuverhältnisse die Mutter an der
Mitarbeit hindern. Zum anderen ist die Kooperativität der
Mutter beim mittleren Kind (wie auch beim ältesten) oft nicht
möglich, weil noch ein jüngeres, pflegebedürftiges Kind die
Mutter an das Haus bindet, so daß sie an der therapeutischen

Förderung des älteren Kindes in der Schule nicht teilnehmen kann.

6.4.21. Zusammenfassung der Ergebnisse aus dem soziographischen Fragebogen

In Tabelle 35 sind alle Variablen zusammengefaßt, deren Merkmale oder Kategorien sich signifikant bezüglich des Anteils unkooperativer Mütter unterscheiden. Zu jeder einzelnen Variable (Items des SF) wird erstens das Merkmal genannt, das mit dem signifikant höchsten Anteil unkooperativer Mütter einhergeht (zweite Spalte von links); zweitens ist das Merkmal der einzelnen Variable danebengestellt (dritte Spalte von links), das den signifikant höchsten Anteil kooperativer Mütter einschließt.

Die Kontingenzkoeffizienten (vierte Spalte) beziehen sich auf den Vergleich der nebeneinanderstehenden Merkmale, also des "unkooperativsten" Itemmerkmals mit dem zugehörigen "kooperativsten" Itemmerkmal.

Die Zusammenfassung ergibt ein wenig erfreuliches Bild der Verhältnisse, aus denen überdurchschnittlich häufig jene Mütter kommen, die sich bei der therapeutischen Förderung ihres geistig behindertern Kindes unkooperativ verhalten. In Ausnahmefällen treffen alle kooperativitätswidrigen Bedingungen gleichzeitig auf eine Familie zu. Aber es genügen nur wenige der unkooperativen soziographischen Bedingungen, um einer Mutter die Mitarbeit unmöglich zu machen.

- Kooperativität der Mutter erscheint statistisch unabhängig von Alter und Gesundheit der Mutter.
- Die "unkooperative Mutter" hat relativ häufig Sonder- oder Volksschulbildung.
- Sie besitzt keine abgeschlossene Berufsausbildung, ist jedoch - zumeist halbtags - berufstätig in Berufen ohne Entscheidungsbefugnis tätig.
- Die verheiratete Mutter ist oft unkooperativ, wenn ihr Mann keine abgeschlossene Berufsausbildung hat, er Hilfs-

Tabelle 35. Zusammenfassung der soziographischen Bedingungen, die indizieren, daß Nichtkooperativität relativ wahrscheinlich ist (Spalte zwei) und Zusammenfassung der Bedingungen, die Kooperativität relativ wahrscheinlich sein lassen (Spalte drei)

Unkooperative(r) Bedingung (Indikator)	Kooperative(r) Bedingung (Indikator)	Korrelation der sozioökonomischen Variablen mit Kooperativität 1)	
		Koop 1	Koop 2
Die Mutter ist alleinstehend (ledig, verwitwet oder geschieden)	Die Mutter ist verheiratet	14	15
Die Eltern sind geschieden oder leben getrennt bzw. die Familienverhältnisse sind stark gestört	Die Ehe- und Familienverhältnisse sind normal	30	31
Die Mutter kümmert sich oberflächlich oder gar nicht um das Kind	Mutter kümmert sich allgemein sehr intensiv um das Kind	64	64
Persönliche Vorsprachen der Mutter beim Sonderschullehrer sind behindert	Vorsprachen sind nicht behindert	36	41
Die Familie hat fünf und mehr Kinder	Die Familie hat eins, zwei oder drei Kinder	19	31
Das behinderte Kind hat eine mittlere Stellung in der Geschwisterreihe	Das behinderte Kind ist das jüngste in der Geschwisterreihe	22	29
Das Kind ist leicht behindert	Das Kind ist mittel, schwer oder sehr schwer behindert	13	12
Die Mutter hat Sonder- oder Volksschulbildung	Die Mutter hat Mittlere Reife oder Abitur	13	15
Mutter ist ohne abgeschlossene Berufsausbildung	Mutter hat eine abgeschlossene Berufsausbildung	25	32
Vater hat keine abgeschlossene Berufsausbildung	Vater hat eine abgeschlossene Berufsausbildung	n.s.	21
Der Vater ist einfacher Angestellter, einfacher Beamter oder ungelernter Arbeiter	Vater ist selbständiger Handwerker	28 28	44 39

Tabelle 35 (Fortsetzung)

Unkooperative(r) Bedingung (Indikator)	Kooperative(r) Bedingung (Indikator)	Korrelation der sozioökonomischen Variablen mit Kooperativität 1)	
		Koop 1	Koop 2
Die Mutter ist ganztags berufstätig	Mutter ist nicht berufstätig	23	23
Mutter hat keine Entscheidungsbefugnisse im Beruf	Mutter hat eigene Entscheidungsbefugnisse im Beruf	23	(.20)
Vater hat keine Entscheidungsbefugnisse im Beruf	Vater hat eigene Entscheidungsbefugnisse im Beruf	20	29
Die Familie lebt in schlechter wirtschaftlicher Lage	Die Familie lebt wirtschaftlich sehr wohlhabend oder gut	34	39
Die Familie lebt in Haupt- oder Untermiete	Die Familie ist Eigentümer von Haus oder Wohnung	24	25
Die Familie lebt in sehr beengten Wohnverhältnissen	Die Wohnungsverhältnisse sind großzügig oder gut	33	36

Korrelationswerte (Kontigenzkoeffizienten) geben den statistischen Grad an, mit dem der Anteil unkooperativer Mütter bei unkooperativer Bedingung gegenüber der kooperativen Bedingung erhöht ist. Die Korrelationswerte sind nur angegeben, die zumindest auf dem 5% Niveau ($p \leq .05$) signifikant sind; der in Klammer () gesetzte Kontingenzkoeffizient hat Tendenzniveau ($p \leq .1$)

arbeiter , einfacher Angestellter oder einfacher Beamter ist und er keine Entscheidungsbefugnisse im Beruf besitzt.
- Die alleinstehende Mutter ist relativ wahrscheinlich unkooperativ, insbesondere dann, wenn die Ehe geschieden ist, die Eltern getrennt leben oder die Familienverhältnisse gestört sind.
- In diesen Fällen ist auch die Fürsorge für das Kind häufig oberflächlich, oder sie fehlt völlig.
- Die unkooperative Mutter lebt signifikant häufiger als die kooperative Mutter in ökonomisch schwachen Verhältnissen, sie lebt als Haupt- oder Untermieter in sehr beengter Wohnung.

- Bei Familien mit vier und mehr Kindern müssen wir gleich-
  falls mit Bedingungen rechnen, die der Mutter eine kooperative Mitarbeit bei der Therapie ihres geistig behinderten
  Kindes erschweren.

Wirtschaftliche Bedingungen, Wohnverhältnisse, Variablen der
formalen Bildung und des Berufes der Eltern sind ausschlag-
gebende Indikatoren für die therapeutische Kooperativität der
Mutter. Die hohe Korrelation dieser Bedingungen mit dem Grad
gestörter Familienverhältnisse, mit der Fürsorge der Eltern
für das Kind und schließlich mit dem co-therapeutischen Engagement der Eltern spricht dafür, daß gesellschaftliche Bedingungen *Ursachen* für unkooperatives Verhalten der Eltern sind.
Wenn wir das Problem der Kooperativität lösen wollen, muß
sich unsere Aufmerksamkeit auf soziale, ökonomische und kulturelle Bedingungen der Familie richten, ohne dabei beste-
hende Merkmale der Intelligenz, der Fertigkeiten und der Persönlichkeit außeracht zu lassen.

7. Interpretation der Ergebnisse

Während der phänomenologischen Problemanalyse bei der Vorbereitung der Feldstudie zeigte sich ein weites Spektrum an möglichen Variablen, die die Kooperativität beeinflussen. Zusammenfassend ergibt sich folgendes Bild:

1. Zwischen Persönlichkeit (gemessen mit Persönlichkeitsfragebögen) und Kooperation ließ sich kein statistischer Zusammenhang sichern. Neurotische Tendenz, Extravertiertheit, Alter der Mutter und ihre Gesundheit differenzierten nicht zwischen kooperativen und unkooperativen Gruppen.
2. Zwischen Variablen des sozialen Kontextes und Kooperation ließ sich ein statistischer Zusammenhang sichern. Das Verhältnis der Mutter zum behinderten Kind, zu den anderen Familienmitgliedern, zu Nachbarn und Bekannten ließ Rückschlüsse auf ihre Kooperativität in heilpädagogischen Fragen ihres Kindes zu,
3. Zwischen sozio-ökonomischen Variablen und Kooperation war der statistische Zusammenhang besonders stark. Wohnverhältnisse, finanzielle Lage, Zahl der Kinder, Variablen des Berufes und der formalen Bildung korrelierten signifikant mit mütterlicher Kooperativität. Sie stellen selbst Bedingungen für Kooperation dar oder zeigen solche an, die Kooperation der Mutter bei der heilpädagogische Förderung des Kindes beeinflussen.

Dies bedeutet, daß Kooperativität von den besonderen sozialen und ökonomischen Bedingungen abhängig ist und keine in allen

Situationen gleichbleibende Eigenschaft darstellt. Wie können
diese Zusammenhänge, die wir auf statistischem Niveau gefunden haben, in einem Wirkungsmodell interpretiert werden?
Diese Frage stellt sich uns, wenn wir Maßnahmen für die Verhinderung von Unkooperation konzipieren wollen.

Das verhaltenstherapeutische Modell sieht die Hauptdetermi-
nanten des Verhaltens in den Konsequenzen und diskriminativen
Reizen, in den Lernhilfen und Lernbehinderungen.

Auf das Verhalten des Kindes angewandt ergibt sich daraus die
Aufgabe, das Verhalten des Kindes über die Veränderung dieser
Umweltbedingungen zu verändern.

Die Fragestellung wiederholt sich beim Versuch, das Verhalten
der Eltern zu verändern. Auch bei ihnen müssen wir fragen,
von welchen Umweltereignissen ihr Verhalten abhängig ist und
wir bekommen formal dieselbe Antwort: vom Verhalten ihrer
Bezugspersonen. Aber das Verhalten der Bezugspersonen der
Eltern ist wiederum vom Verhalten anderer Personen abhängig.
Daraus ergibt sich die Vorstellung von Verhaltenstendenzen,
die durch selbstverstärkende Interaktionskreise aufrechterhalten werden. Eine Persönlichkeitseigenschaft im Sinne einer
Verhaltenstendenz wäre somit funktionell abhängig von der
kontinuierlichen Wirkung eines Interaktionssystems, und Kooperationsbereitschaft wäre eine von diesem abhängige Eigenschaft. Verhaltensveränderung einer Person, wie sie die Therapie zum Gegenstand hat, müßte daher immer als Eingriff in das
Interaktionssystem konzipiert werden, d.h. eine Veränderung
des Verhaltens aller Personen, die das Interaktionssystems
tragen, zum Ziele haben.

Wie aber können wir diese Folgerung mit unserem Ergebnis ver-
einbaren, daß sozio-ökonomische Variablen stark zwischen
kooperativen und unkooperativen Gruppen diskriminieren? Es
ließe sich interpretieren: "Eine bestimmte Art der Interaktion führt auch zu besseren sozio-ökonomischen Verhältnissen.
Die sozio-ökonomischen Bedingungen sind Ergebnis individuellen
Handelns". Für unsere Aufgabe, Unkooperativität zu verhindern,

ergäbe sich damit die Folgerung: wir müssen unmittelbar das
Verhalten der Person ändern, deren Kooperation wir suchen.

Diese Schlußfolgerung, die sich scheinbar zwingend aus obiger
Interpretation ergibt, stellt uns aber vor das Grundproblem
mangelnder Kooperation. Wir können gerade mit den unkooperativen Eltern, deren Verhalten wir zugunsten des Kindes ändern
wollen, nicht in Kontakt kommen.

Wir schlagen daher vor, das System obiger Interpretation umzu-
kehren und es mit der Frage zu versuchen: Werden die Eltern
kooperativer, wenn wir sozio-ökonomische Bedingungen, die mit
Unkooperation korrelieren, verändern und mit ihnen so umgehen,
daß diese nicht mehr zwischen Therapeut und Eltern und Eltern
und Kind stehen?

Schema 7. Teilmodell für den Zusammenhang zwischen den Variablenbereichen und Kooperativität nach dem Ergebnis der
Untersuchung

Die Stärke der Pfeile, die von den Variablenbereichen zur
Kooperativität führen, kennzeichnet den Grad des statistischen
Zusammenhangs. Je stärker der Pfeil, desto stärker der beob-
achtete statistische Zusammenhang in unserer Untersuchung.

Die sozio-ökonomischen Bedingungen schaffen die Voraussetzungen dafür, daß Verstärkungsmechanismen wirksam werden.
Bestimmte Verhaltensweisen lassen sie zu, andere Verhaltensweisen sind den Bedingungen unangemessen. Ist eine Mutter

unkooperativ, lebt sie wahrscheinlich unter Bedingungen, die
kooperatives Verhalten bestrafen oder behindern, es "unangemessen" sein lassen. Es ist einsichtig, daß eine Mutter von
sieben Kindern, die sich bei geringem Einkommen keine Haus-
gehilfin leisten kann, sich kaum für die therapeutischen Er-
fordernisse des einen Problemkindes einsetzen kann, will sie
nicht Gefahr laufen, die übrige Familie zu vernachlässigen
und sich selbst zu überfordern. Auch sind die Bedingungen bei
einer unverheirateten Mutter kooperationswidrig, die ganztags berufstätig sein muß, um für den Unterhalt der Familie
aufkommen zu können und die in ihrer Freizeit den Haushalt
und das Kind versorgen muß.

Solange wir die Zusammenarbeit nicht erreicht haben, können
wir die Mutter auch nicht befähigen, mit den widrigen Verhältnissen fertigzuwerden, so daß sie sich für die therapeutischen Belange des Kindes einsetzen kann. Um diese Mutter zur
Co-Therapie zu gewinnen, bleibt uns einmal der - sehr selten
gangbare Weg, die widrigen Bedingungen zu ändern. Realistischer
ist der Ansatz, die therapeutischen Intervention auf die Verhältnisse einzustellen, so daß die Mitarbeit der Mutter nicht
an ihnen scheitert. Im Schlußkapitel zeigen wir Möglichkeiten
dafür auf.

Der Streit darüber, ob die Interpretation nun die richtige
sei, erübrigt sich, wenn wir uns darauf besinnen, weshalb wir
diese Interpretation anstellen. Wenn wir, wie in Schema 7 an-
gedeutet ist, die sozio-ökonomischen Variablen in den Mittel-
punkt stellen, so tun wir dies aus pragmatischen Überlegungen
heraus: die sozio-ökonomischen Variablen erlauben eine gute
Prognose über die Kooperation und sie geben gleichzeitig zu
erkennen, welche Bedingungen wir beseitigen oder umgehen
müssen, um die Kooperation mit der Mutter zu gewinnen.

In der Psychologie steht die Forschung auf folgendem Stand:
die Interaktionen wurden analysiert, und die Kenntnisse wurden
mit Erfolg zur Veränderung des Verhaltens eingesetzt. Aber
es entstand ein neues Problem, das Problem der Motivation
zur Veränderung.

Die situativen Bedingungen hat man weitgehend vernachlässigt.
Die Möglichkeit, sie direkt auszuschalten oder zu umgehen,
blieb unberücksichtigt. Dies ist ein zweiter Grund, den Akzent
auf die sozio-ökonomischen Bedingungen zu legen.

Schlußfolgerungen für die Praxis der Elternarbeit
Verhaltenstherapie meint, das Sich-Verändern fällt mit dem
Verändern der Umstände zusammen. Darin liegt der Sinn dieser
Untersuchung, und das Elterntraining soll dazu dienen, der
Familie solche Bedingungen zu schaffen, unter denen Eltern an
der therapeutischen Förderung des Kindes mitarbeiten können;
und gerade dazu gehört es auch, für den Erzieher Bedingungen
schaffen, die ihm eine kooperative Zusammenarbeit mit dem
Therapeuten ermöglichen.

Bei der komplexen Bedingtheit der Unkooperativität können
keine Patentlösungen erwartet werden. Wir werden zunächst
einige Lösungsansätze referieren, die sich in der Literatur
zum Elterntraining finden. Abschließend stellen wir dar, wie
wir heute versuchen, die Mitarbeit der Eltern zu gewinnen.
In der Literatur werden vor allem zwei Methoden diskutiert,
um das Problem mangelnder Kooperativität zu lösen: die Auslese kooperativer Eltern und der Einsatz von Kontingenzen,
um unkooperative Verhaltensweisen abzubauen bzw. kooperative
Verhaltensweisen aufzubauen.

Die Auslese kooperativer Eltern: Die Auslese kooperativer
Eltern kann direkt oder indirekt geschehen. Sie geschieht indirekt, d.h. ohne bewußte Planung vonseiten des Trainingsteams, indem Eltern sich von vornherein weigern, an einer
Therapie ihres Kindes mitzuarbeiten oder wenn das Trainingsteam die Methoden nicht indiziert sieht, die es anzubieten
hat. Die Auslese geschieht direkt, wenn Eltern bzw. ihre
Kinder bestimmte Kriterien erfüllen müssen, nach denen sie
vor der Zulassung zum Training getestet werden. MIRA (1970)
verlangte, daß die Eltern von einem Arzt überwiesen werden.
Hier trifft der Arzt die Vorentscheidung. PATTERSON (1971)
nahm keine Eltern in das Trainingsprogramm auf, die weiter
als zwanzig Fahrminuten von der Klinik entfernt wohnten.

SCHULZE et al. (1974) nahmen nur Eltern einer bestimmten
Klasse einer Sonderschule in ihr Programm auf.

Auslese kann das richtige Eingeständnis sein, nicht für alle
Eltern die geeignete Methode zu besitzen; sie kann aber auch
zum bequemen Mittel werden, lästige Probleme loszuwerden.
Diese Gefahr ist besonders ernst zu nehmen, da durch die Auslese, wenn sie effektiv geschieht, wieder Personen betroffen
werden, die in schwierigen, sozialen und ökonomischen Verhältnissen leben und die auch in anderen Bereichen wie Schule,
Beruf usw. stark benachteiligt sind. Differenzierung und
Erweiterung der Methoden therapeutischer Elternarbeit ist
daher die angemessenere Antwort auf das Problem der Unkooperativität als eine Auslese.

Einsatz von Kontingenzen zur Sicherung der Mitarbeit: In verschiedenen Arbeiten wird versucht, mit gezielten Verstärkungs-
prozeduren die Mitarbeit zu sichern.

1. Materielle Verstärkung der Kooperativität
In einer Studie von PATTERSON et al. (1967) hatte die Mutter
jedes positive Sozialverhalten des Kindes zu Haus aufzuschrei-
ben und die Kontingenzen anzugeben. Der Mutter wurde für
jedes schriftliche Protokoll ein bestimmter Geldbetrag der
Behandlungskosten gutgeschrieben, wodurch die Motivation gefördert und richtige Reaktionen der Mutter auf Sozialverhalten des Kindes stabilisiert werden sollte. Geld als Belohnung für Mitarbeit setzen auch PEINE und MUNRO (1970,
zit. nach JOHNSON und KATZ, 1973; WALDER et al. 1968) ein.
In einer späteren Arbeit setzten PATTERSON und seine Mitarbeiter (PATTERSON et al., 1970; PATTERSON et al., 1969)
eine Liste zur freien Auswahl von Annehmlichkeiten als Belohnung für Mitarbeit aus (z.B. Essen gehen, Fahrstunden,
zum Friseur gehen usw.).

2. Soziale Verstärkung der Kooperation
Neben materieller Verstärkung hat man auch versucht, soziale
Verstärkung kontingent mit Mitarbeit einzusetzen. Bei WALDER
und seinen Mitarbeitern konnten sich die Eltern durch Koope-

ration in der Gruppe individuelle Beratung durch den Therapeuten verdienen (WALDER et al., 1967). JOHNSON und BROWN
(1969) setzten die Zuwendung der Gruppe als sozialen Verstärker ein. Die Gruppe wurde angewiesen, pünktliches Erscheinen und aktive Mitarbeit in den Trainingsstunden durch Lob
und Zuwendung zu belohnen.

Anerkennung durch Mitglieder der Gruppe (HOLLAND, 1969) oder
durch Freunde (BERNAL et al., 1968) wirken sich ganz allgemein
positiv auf die Zusammenarbeit und auf die Einstellung dem
Kind gegenüber aus. WAGNER (1968) forderte die Ehepartner auf,
sich für therapiegerechtes Verhalten gegenseitig zu bekräf-
tigen.

Auch die Zuwendung der Familie wurde als Belohung für die
Mutter herangezogen. Bei der Therapie prädelinquenten Verhaltens eines Kindes haben PATTERSON und REID (1970) die Geschwister des Kindes angewiesen, Verhaltensänderungen der
Mutter durch besondere Zuwendung zu unterstützen. Dadurch
könnte eventuell auch vermieden werden, daß die Mutter zu
Hause wegen ihres Eingeständnisses, Fehler gemacht zu haben,
noch bestraft wird.

3. Strafe soll die Eltern von Unkooperativität abhalten
Zuweilen werden auch Strafmethoden eingesetzt, um eine vor-
zeitige Aufgabe der Therapie zu verhindern. MIRA (1970)
teilte den Eltern zu Beginn des Trainings mit, daß sie aus
dem Programm ausgeschlossen werden, wenn sie dreimal Zu-
sammenkünfte versäumen, bevor das Kind in einer Verhaltens-
klasse eine Änderung zeigt. PATTERSON (1971) ließ den nächsten Schritt des Programms erst zu, wenn der vorhergehende
Schritt erledigt war.

4. Feedback als Kontrollmaßnahme
In einem großen Teil der Arbeiten wurde der Therapieerfolg
durch testende Beobachtung vor und nach der Intervention gemessen. Man kann davon ausgehen, daß diese Beobachtungen
die Kooperation günstig beeinflussen, sofern bei den Eltern
der Wunsch vorhanden ist, vor dem Trainingsteam im guten

Lichte zu erscheinen. CHRISTOPHERSON et al. (1972) hielten
mit den Eltern Telefonkontakt oder besuchten sie zu Hause.

5. Kontrakte mit den Eltern
Obwohl auf die Nützlichkeit von Kontrakten zwischen Trainer
und Eltern zur Sicherung der Kooperation öfters hingewiesen
wurde (vgl. STUART, 1971), fand diese Technik selten Anwendung
(EYBERG und JOHNSON, 1974). Doch irgendwelche mündliche Abmachungen dürften wohl zu Beginn jeder Therapie getroffen
werden.

6. Therapieerfolge als Stimulans für die Kooperation
Daß mit der Wahrnehmung von Therapiefortschritten durch die
Eltern sich ihre Einstellung zur Therapie und zum Kind positiv
verändert, wurde von vielen Autoren berichtet (HOLLAND, 1969;
WAGNER, 1968; u.a.). Dieses Ergebnis ist zu erwarten, wenn man
davon ausgehen kann, daß die Eltern mit dem Kind zur Therapie
kommen, um Probleme zu beseitigen.

Kritik an den Lösungsversuchen
Die verschiedenen Lösungsversuche gehen von der theoretisch
sicherlich richtigen Annahme aus, daß auch die Eltern für das
gewünschte Verhalten bekräftigt werden müssen und daß der
Therapeut nicht einfach darauf vertrauen kann, daß die Veränderung dés Verhaltens auch zugleich seine Bekräftigungs-
bedingungen schafft, z.B. Minderung des Leidensdruckes oder
Erfüllung von Erwartungen. Die Durchführung der Bekräftigung
jedoch - Erlaubnis, zum Friseur zu gehen, Anbieten von Ge-
sprächsmöglichkeiten usw. - stützte sich in keinem Fall auf
eine gründliche Analyse, und das Wirksamwerden der Bekräftigung muß daher als zufällig betrachtet werden. Das "Gehen
zum Friseur" z.B. setzt in der Anwendung die Kooperation
schon voraus, da der Therapeut nicht verhindern kann, daß die
Frau trotz des Verbots hingeht. Er hat im Grunde genommen
nur die Möglichkeit, mit dem Abbruch der Behandlung zu drohen,
und auch hier bieten sich den Eltern genügend Alternativen
an.

So ist man letztlich doch auf das Wirksamwerden der Bekräftigung der Kooperation durch den Therapieerfolg angewiesen.
Er stellt sich aber oft nicht gleich ein oder ist für die
Eltern zu wenig wahrnehmbar. Vor allem bei operantem Störverhalten muß oft zu Beginn der Intervention mit einer Erhöhung
der Reaktionsrate gerechnet werden, so daß es nicht selten
durch die Intervention zunächst zu einer Verschärfung des
Problemverhaltens kommt. Oft sind die Erfolge für die Eltern
nicht deutlich genug sichtbar, oder die Veränderung geht zu
langsam vor sich, so daß sie vergessen, wie groß das Problem
zu Beginn des Trainings war.

Die größte Gefahr aber besteht darin, daß nach anfänglichen
Erfolgen und guter Mitarbeit der Eltern das Programm weniger
sorgfältig ausgeführt wird, so daß sich allmählich die alten
Zustände wieder einstellen.

Offensichtlich ist bislang die Bedeutung ökonomischer, sozialer und kultureller Variablen unterschätzt worden. Wenn es
stimmt, daß Persönlichkeitsvariablen weniger wichtig zu sein
scheinen, daß vielmehr Faktoren wie Beruf, Zeit, Bildungsniveau, familiäre Beanspruchung usw. bedeutsam sind, so müssen
Lösungen hier ansetzen. Die Co-Therapie der Eltern müßte dementsprechend durch ein ökonomisches, effektives, dem Bildungsniveau der Eltern angepaßtes Training verbessert werden
können.

In keiner Untersuchung wird deutlich, daß das therapeutische
Vorgehen aus einer Analyse der ökonomischen und bildungs-
mäßigen Bedingungen der beteiligten Familien abgeleitet wurde.
So gewinnt man den Eindruck, als kämen die Therapieprogramme
primär den Arbeitsbedingungen des Therapeuten entgegen, dessen
vorgegebenen Programmen sich die Eltern anzupassen haben,
gleich aus welchen Verhältnissen sie kommen.

Wir müssen davon ausgehen, daß man vor dem therapeutischen
Einsatz der Eltern ihre individuellen Kooperationsbedingungen
kennen muß und daß sich das therapeutische Vorgehen so weit
wie möglich diesen Bedingungen anzupassen hat.

Die Diskussion, die in der Schulpädagogik bereits vielfältig
aufgenommen wurde, wie und inwieweit der Lehrende und die
Schulinstitution sich dem Schüler anpassen kann, um dessen
Kooperativität zu gewinnen, ohne daß auf wichtige Lernziele
verzichtet werden darf, muß auch im therapeutischen Bereich
aufgenommen werden. Wir haben uns die Frage gestellt, wie wir
unser therapeutisches Angebot gestalten müssen, daß - für
den Bereich der Elternarbeit - den Eltern die Co-Therapie bei
der Verhaltensmodifikation des Kindes effektiv möglich wird.
Daher ist der Forderung von CHRISTOPHERSON et al. (1972) zu-
zustimmen, man solle die Kooperation der Eltern einer ähnlichen Analyse unterziehen, wie sie für das Kindverhalten
durchgeführt wird.

Wir wollen im Folgenden noch kurz darstellen, welche Folge-
rungen zur Vermeidung von Unkooperation bei Eltern aus der
Unterschicht wir gezogen haben.

*Verhinderung von Nichtkooperativität im Münchner Trainings-
modell (MTM):* INNERHOFER et al. (1976) haben die Ergebnisse
dieser Arbeit genutzt und eine Form des Elterntrainings
entwickelt, das die Mitarbeit der Eltern unterer Schichten
in einem hohen Prozentsatz gesichert hat.

*1. Kontaktaufnahme des Therapeuten mit den Eltern und eine
ausführliche Information über das Training vermindern die
Angst vor der Fremdheit der Trainingssituation*
Eltern haben Angst, wenn man sie einlädt, am Training teilzunehmen. Das Training ist eine unbekannte Situation, und sie
wissen nicht, wieweit sie dort für mögliche Erziehungsfehler
bestraft werden. Sie fürchten einer Situation ausgesetzt zu
werden, in der sie sich bloßstellen könnten.

Im MTM wird versucht, den Eltern die bestrafende Unsicherheit
dadurch zu nehmen, daß sie vor dem Training das Trainingsteam
kennenlernen und sie genau erfahren, wie im Training gearbeitet wird. Parallel dazu wird versucht, die Datengewinnung
so zu gestalten, daß es nicht zu der angstauslösenden Rollenverteilung Fragender - Befragter, Beobachter - Beobachteter

kommt, sondern daß die Information gemeinsam erarbeitet wird.
Oft wird auch eine bereits trainierte Mutter eingesetzt, um
den Erstkontakt herzustellen, was sich z.B. besonders bei
Eltern aus Notunterkünften bewährt hat.

*2. Eine sorgfältige Verhaltensanalyse, die das gesamte Umfeld
mit berücksichtigt, hilft Fehlentscheidungen zu vermeiden und
die Therapie individueller zu gestalten*
Eine Fehlentscheidung führt zu Mißerfolg und bei der geringen
Information der Eltern über den Trainer wird die Information
"er hat mir falsch geraten" leicht auf alles generalisiert,
was er gesagt hat. Das Vertrauen geht verloren, die Erwartung
entsteht, es wird nichts nützen, und diese wiederum führt zu
einer Wahrnehmungsakzentuierung von Verhaltensweisen des
Kindes, die Mißerfolg bedeuten.

Eine fehlerhafte Verhaltensanalyse kann aber auch dazu führen,
daß man die aktuellen Bedingungen für kooperatives Verhalten
der Eltern nicht sieht. Man vereinbart Termine, die sie
schlecht einhalten können, man beschließt Maßnahmen, die in
ihrer Situation nicht durchführbar sind, man löst durch sein
eigenes Verhalten (z.B. durch Kritik) einen diskriminativen
Reiz aus, der bei der Mutter Abwehr und Flucht auslöst, usw.
Da wir in Gruppen arbeiten, kommt der Verhaltensanalyse auch
die Aufgabe zu, darüber zu informieren, welche Eltern zusammen trainiert werden können. Die Probleme der Eltern in
einer Trainingsgruppe sollten so sein, daß ihre Behandlung
den zuschauenden Eltern als Modell dienen kann. Eine Mutter
z.B., die ihr Kind ständig überfordert, sieht den Fehler
schneller ein, wenn ihr eine andere Mutter den gleichen Fehler
demonstriert. Zum Kind der Nachbarin hat sie die nötige
Distanz, um die Auswirkungen der Strafe, die Überforderung
bedeutet, wahrnehmen zu können.

*3. Einbeziehen von außenstehenden Personen, die das Fehlver-
halten des Kindes mit provozieren, oder von denen die Durchführung der Maßnahmen abhängig ist*
Kommt ein Kind z.B. mit den Hausaufgaben nicht zurecht, so
daß die Mutter mehr und mehr das Ausführen der Hausaufgaben

übernommen hat, so wird die Lösung auch mit beinhalten, daß das Kind zumindest zu Beginn öfters ohne Hausaufgaben in die Schule kommt. Das ist ohne größeren Schaden für das Kind nur durchführbar, wenn auch der Lehrer eingeweiht ist und zur geplanten Maßnahme die Zustimmung gegeben hat. Wir würden in diesem Fall den Lehrer in das Training mit einbeziehen und auf jeden Fall eine Lösung anstreben, die auch er akzeptiert (vgl. dazu auch PATTERSON, 1974).

4. Kompakttraining in der berufsfreien Zeit erspart Umstände, Zeit, Geld, überbeansprucht die Familie nicht

Das Kompakttraining ist die Antwort auf eine ganze Reihe kooperativitätswidriger Bedingungen, die in unserer Untersuchung ermittelt wurden. Eine kooperativitätswidrige Bedingung ist die Berufstätigkeit der Mutter. Wir vermuten, daß ihr aus folgenden Gründen Kooperativität schwerfällt: Ist sie mit der Berufsarbeit fertig, wird sie dringend zu Hause benötigt, da Väter der Unterschicht auch bei Berufstätigkeit ihrer Frau kaum Hausarbeiten übernehmen.

Nicht selten wird die Anwesenheit der Mutter in der Familie auch dadurch notwendig, daß die Kinder von der Schule, dem Kindergarten oder von einer Aufsichtsstelle nach Hause kommen. Die Doppelbeanspruchung der Frau in Beruf und Familie führt außerdem zu einer Überbelastung, so daß anfallende Trainingsstunden bestrafend wirken müssen.

Diese Mütter können sich wesentlich leichter einmal für ein Wochenende freinehmen. Oft erklärt sich der Ehepartner bereit, an diesem Wochenende die Kinder zu übernehmen, oder eine Großmutter springt ein oder jemand aus dem Bekanntenkreis. Eltern betonen auch häufig, ein Wochenende sei eine überschaubare Zeit, man wisse, dann sei es zu Ende. Ein Problem der Unterschichtseltern, vor allem der Eltern aus den Notunterkünften, ist die Pünktlichkeit. Nach unserer Erfahrung werden Stundentermine viel leichter vergessen oder ungenau wahrgenommen als Tagestermine.

Nimmt die Mutter am Training teil, reagieren viele Väter gereizt, weil die Ehefrau einmal nicht "zur Verfügung" steht. Manche Väter - vor allem in Unterschichtsfamilien mit überarbeitetem, autoritär-patriarchalischen Vater - reagieren wütend und versuchen, die Ehefrau vom Training abzuhalten. Die Frustration steigert sich von Trainingsstunde zu Trainingsstunde. In einem einmaligen Wochenendtraining läßt sich dieses Problem leichter überwinden.

Das Kompakttraining über zwei Tage reduziert die Fahrten von der Wohnung zum Therapieort auf vier, ein Vorteil, der vor allem in Großstädten ins Gewicht fällt. Eine Mutter, die eine Fahrstunde vom Therapiezentrum entfernt wohnt, muß für 16 Therapiestunden im Kompakttraining vier Fahrstunden investieren. Würden die 16 Therapiestunden einzeln gegeben, so müßte die Mutter 32 Fahrstunden aufbringen!

Das Kompakttraining am Wochenende vermeidet also Strafen, die für Familie und Mutter durch die Mitarbeit am Training einwirken können. Fahrtumstände und Fahrzeit werden minimal gehalten; die berufstätige Mutter verliert keine entlohnte Arbeitszeit, was gerade bei ökonomisch schwachen Familien kooperativitätsentscheidend sein kann; der Verlust von Freizeit und Erholung ist einmalig, ebenso das Wegbleiben der Mutter von der Familie und die Vernachlässigung der Haushaltspflichten, und dies ist für die Mütter und Väter - wie die Erfahrung zeigt - zumutbar.

5. *Verlegung des Trainingsortes in die Nähe der Wohnung der Familien*

Trainingszeit und Trainingsort können so gelegt werden, daß sowohl der Fremdheitsgrad niedrig gehalten als auch der Trainingstermin günstig gelegt werden können. So haben wir versucht, einen Trainingsraum zu finden, der im Wohnbereich der Familien lag. Auch diese Maßnahme läßt sich natürlich nur für ein Kompakttraining durchführen. Schulräume, Pfarrsäle usw. sind für ein Training ausreichend.

6. Arbeit in der Gruppe

Im MTM sind die Trainingsmethoden weitgehend an eine Gruppe
gebunden: Lernprinzipien werden in Demonstrationsexperimenten
vermittelt; Verhalten wird im Rollenspiel eingeübt; aversive
Inhalte werden über Modell-Lernen vermittelt, usw. Darüber
hinaus jedoch erwies sich die Arbeit in der Gruppe für die
Eltern besonders belohnend. Viele Eltern, die zu uns ins
Training kommen, fühlen sich isoliert und einsam; sie glauben,
nur sie hätten Erziehungsprobleme, und sie sind unbeholfen
in Gruppendiskussionen. Nun lernen sie im Training, daß andere
Familien ähnliche Erwartungen, Interessen und Probleme haben.
Sie entdecken Gemeinsames mit anderen Familien. Sie lernen
zu diskutieren, über persönliche Angelegenheiten zu sprechen,
sie machen die Erfahrung, daß sie von anderen Menschen so
akzeptiert werden, wie sie sind. Unabhängig von den Erziehungsproblemen werden hier persönliche Probleme angesprochen, und
die Eltern spüren, daß sie im Training auch persönlich be-
reichert werden. Aufgrund dieser Erfahrung bitten uns Eltern
nach dem Training, in regelmäßigen Abständen Elternabende
zu organisieren oder das Training zu wiederholen.

Sehr gute Erfahrungen machten wir mit Elterngruppen, in denen
die Mütter aus unterschiedlichen sozialen, ökonomischen und
kulturellen Verhältnissen kamen. ROSE (1974), der mit Unter-
schichtsgruppen, Mittelschichtsgruppen und gemischten Gruppen
arbeitete, kommt zu dem Schluß, daß Unterschichtseltern, die
mit Mittelschichtseltern in einer Gruppe zusammenarbeiten,
stärker motiviert wurden, Verhaltensänderungen zugunsten des
Kindes durchzusetzen. Das entspricht auch unseren Beobachtungen.

7. Beobachtung und Selbsterfahrung anstelle verbaler Ver-
mittlung

Sowohl ENGELN et al. (1968) als auch SALZINGER et al. (1970),
die mit Eltern aus der Arbeiterschicht trainierten, weisen
darauf hin, daß es diesen Eltern schwerfällt, sich verbal mit
Erziehungsproblemen auseinanderzusetzen. Der nachgewiesene
deutliche Zusammenhang von Kooperation und Dauer der Schulzeit dürfte darauf zurückzuführen sein, daß Elterntraining

meist dem Vorbild der Schule folgen und Erkenntnisse verbal
zu vermitteln suchen.

Erkenntnistheoretisch gesehen entsteht Erkenntnis durch lo-
gische Ableitung und Beobachtung, d.h. Erkenntnisse direkt
durch Beobachtung zu vermitteln, indem man anstelle der
logischen Regeln Beobachteranweisungen setzt. Daher konstru-
ierten wir erzieherische Situationen, in denen die Eltern
über Beobachtung das Grundlagenwissen über Verhaltensmodifikation erwarben.

Wir befürchteten, daß das so gewonnene Wissen nicht generalisiert werden kann. Doch die Erfahrungen sprechen dagegen.
Das Grundlagenwissen, das unmittelbar durch gesteuerte Beobachtung gewonnen wird, scheint nicht nur präziser, sondern
auch generalisierbarer zu sein. Die Wirkung von Lerngesetzen
erfahren die Eltern durch experimentelle Spiele. Anstelle
eines theoretischen Lehrsatzes nehmen sie die Selbsterfahrung
mit.

8. Überwindung von Abwehr und Vermeidung durch Modell-Lernen und systematische Beobachtung von Interaktionen

Das Problem kann an einem Beispiel deutlich gemacht werden:
Eine Mutter wird von ihrem Mann häufig kritisiert. Die Kritik
ist für die Mutter sehr bestrafend, weil ihr das Versagen des
Kindes in der Schule und auch die häufigen Streitszenen in
der Familie und deren Folgen angelastet werden. Kritik ist
für diese Mutter zu einem diskriminativen Reiz für Strafe geworden. Sobald nun Kritik geäußert wird, reagiert sie mit
einem Vermeidungsverhalten: Sie gibt sich hilflos und weint,
weist die Kritik zurück usw.. Kritik ist bei dieser Mutter
ungeeignet, sie zum Überdenken und zur Veränderung des
kritisierten Verhaltens zu bewegen.

Wir versuchen, dieses Problem zu umgehen, indem wir bei dieser
Mutter jede Kritik vermeiden. Stattdessen greifen wir bei
einer anderen Mutter dieses Problem auf und behandeln es. So
kann die erste Mutter über Modell-Lernen auf die kritischen
Zusammenhänge der Mutter-Kind-Interaktion aufmerksam werden.

Eine zweite Methode, das Problem der Kritik zu umgehen, besteht darin, eine kritische Interaktion von Mutter und Kind systematisch zu beobachten. Eine Mutter z.B., die auf einen Fehler beim Hausaufgabemachen mit Strafe reagiert, wird aufgefordert, jeweils genau zu beschreiben, was die Mutter tut, wenn das Kind einen Fehler macht. Das sieht so aus: Kind macht Fehler - Mutter: "Mein Gott, schon wieder; streng dich halt ein bisserl an." Wichtig dabei ist, daß bei der Beschreibung keine Interpretationen gemacht werden, sondern daß nur Sicht- und Hörbares aufgezählt werden. Die Mutter wird damit gezwungen, ihre Aufmerksamkeit dem Geschehen zuzuwenden anstatt der Überlegung, wie sie sich verteidigen könne. Enthält sich der Trainer jeglicher Kritik und verhindert er Kritik, die aus der Gruppe kommen könnte, so kann er sicher sein, daß die Mutter allmählich selbst die Kritikpunkte erkennt.

9. Spiel, um Überforderung zu vermeiden
Spiel lockert auf, es motiviert. Im MTM wird das Spiel vor allem eingesetzt, um erzieherische Vorschläge auszuprobieren. Jeder Vorschlag, der aus der Gruppe zur Lösung eines Problems vorgebracht wird, wird sogleich in einem Rollenspiel ausprobiert. Im Spiel ist es leichter, Verhaltensweisen einzuüben, die die Eltern noch nicht beherrschen. Im Spiel kann man auch extreme Situationen provozieren, um das Ergebnis einer bestimmten Erziehungsmaßnahme beobachten zu können. Jede Mutter oder jeder Vater ist bereit, im Rollenspiel einmal eine bestimmte Maßnahme einzusetzen, die er sonst ablehnt und von der er meint, sie könne nichts taugen.

10. Die Eltern selber handeln lassen
Reden ist befriedigender als Zuhören; etwas selber zu entdecken ist spannender als etwas erklärt zu bekommen. Im MTM wird daher versucht, die Eltern möglichst viel allein machen zu lassen. Die Darstellung von Konflikten im Rollenspiel, die Demonstration typischer Interaktionszusammenhänge durch quasi experimentelle Spiele sind dabei die wichtigsten Hilfen (vgl. dazu auch CHRISTOHERSON et al., 1972). Ergänzend tritt die wechselseitige Hilfestellung in der Gruppe hinzu.

So erfahren Eltern, daß sie die Lösungen selber erarbeitet
haben, daß sie anderen Eltern helfen konnten. Sie erfahren,
daß sie mehr können, als sie sich zugetraut haben. Sie haben
die Lösung eingeübt, so daß sie wissen, daß sie das Gelernte
in erzieherische Handlung umsetzen können. Für ein Problem
zumindest haben sie ein Handwerkszeug, so daß sie Mut haben,
das Gelernte auch zu Haus anzuwenden. Und kooperativ sind
die Eltern, die das eigene Verhalten verändern zugunsten der
therapeutisch-erzieherischen Förderung des verhaltensgestörten
Kindes.

Zusammenfassung

Die eingesetzten Maßnahmen lassen sich wie folgt zusammenfassen:

1. Ausschaltung von Strafreizen, die in Beziehung zum Training
   gebracht werden können (Akzentuierung dessen, was die
   Eltern richtig machen anstelle der Hervorhebung von Fehlern;
   Vermeidung von Überforderung, indem die Erwartungen bezüglich des Einsatzes von Zeit, des physischen Durchhalte-
   vermögens und intellektueller Verarbeitung den Eltern an-
   gepaßt werden. Verhinderung von Mißerfolgserlebnissen, von
   Bloßgestelltwerden und anderen Strafreizen).

2. Planung belohnender Ereignisse im Rahmen des Trainings.
   Am Ende eines Tages jeweils mit einem Erfolgserlebnis auf-
   hören; Eingehen auf persönliche Bedürfnisse der Eltern,
   auch wenn sie nicht unmittelbar mit dem Ziel des Trainings
   in Beziehung stehen; Organisation der Spiele, daß die
   Eltern in der Durchführung des Trainings möglichst viele
   Erfolgserlebnisse machen können; schaffen einer Atmosphäre,
   in der sich die Eltern wohl und akzeptiert fühlen;
   Löschung von Ängsten und Unsicherheit; schaffen von Möglichkeiten zu aktivem Verhalten; Akzeptieren subjektiver
   Einwände.

3. Aus dem Weg räumen von Hindernissen (sich in den Zeit-
   plänen den Möglichkeiten der Eltern anpassen; Wahl des
   Trainingsortes, der ein Minimum an psychischem und phy-

sischem Aufwand bedeutet; Einbeziehung von weiteren Personen in das Training, die sonst die Bemühungen der Eltern
zunichte machen könnten).

4. Einsatz von Hilfen (Einsatz von Lernmedien, die den Erwerb
   von Erkenntnissen mit einem hohen Grad von Selbsterfahrung
   verbinden und die individuellen Fähigkeiten berücksichtigen; Verwendung von graphischen Schemata zur besseren und
   leichteren Organisation der Information; Einsatz von Video-
   feedback zur Verhaltenskontrolle; Einsatz verschiedener
   Spielformen zum aktiven Erwerb von Erkenntnissen und zur
   direkten Einübung von Verhaltensmustern).

8. Literatur

ACKERMANN, N.W.: Emergence of Family Psychotherapy on the Present Scene. In: Contemporary Psychotherapies (STEIN, M.I., Hrsg.). Glencoe/Ill.: Free Press 1961.

BACH, H.: Geistigbehindertenpädagogik. Berlin-Charlottenburg: Carl Marhold 1969.

BAUMANN, R., ZINN, H.: Kindergerechte Wohnungen für Familien. Eidgenössische Forschungskommission Wohnungsbau. Schriftenreihe Wohnungsbau 23d. Bern: Eidgenössische Drucksachen und Materialzentrale 1973.

BAUR, R.: Elternhaus und Bildungschancen. Eine Untersuchung über die Bedeutung des Elternhauses für die Schulwahl nach der vierten Klasse Grundschule. Weinheim-Basel: Beltz 1972.

BARCLAY, A., CUSUMANO, D.R.: Father absence, cross-sex identity and field-dependent behavior in male adolescents. Child Develop., $\underline{38}$, 243-250 (1967).

BERNAL, M.E., DURYE, J.S., PRUETT, H.L., BURNS, B.J.: Behavior modification and the brat syndrome. J. cons. clin. Psychol. $\underline{32}$, 447-455 (1968).

BLEUEL, H.P.: Kinder in Deutschland. dtv Nr. 966, München 1973.

BOSSARD, J.H.S., BOLL, E.S.: The sociology of child development. New York: Harper & Row 1960.

BRACKEN, H. von, COTANIDIS, W.: Untersuchungen zur Einstellung der Bevölkerung gegenüber geistig behinderten Kindern. Bericht über eine Repräsentativ-Befragung an den Bundesminister für Jugend, Familie und Gesundheit. Marburg 1971.

BRANDT, G.A.: Probleme und Erfolge der Erziehungsberatung. Beiträge zur Erziehungsberatung, Bd. 2, Weinheim: Beltz 1967.

BRENGELMANN, J.C., BRENGELMANN, B.L.: Deutsche Validierung von Fragebogen der Extraversion, neurotischer Tendenz und Rigidität. Z. exp. angew. Psychol. $\underline{7}$, 291-317 (1960).

CHEEK, F.E., LAUCIUS, J., MAHNCKE, M., BECK, R.: A behavior modification training program for parents of convalescent schizophrenics. In: RUBIN, R.D. et al. (eds.): Advances in Behavior Therapy, p. 211-231. New York-London: Academic Press 1971.

CHRISTOPHERSON, E.R., ARNOLD, C.M., HILL, D.W., QUILITCH, H.R.: The home point-system: token reinforcement procedures for application by parents of children with behavior problems. J. appl. Behav. Anal. $\underline{5}$, 485-497 (1972).

CLAUSEN, J.K.: Family Structure, Socialization and Personality. In: HOFFMANN, M.L., HOFFMANN, L.W. (Eds.): Rev. Child Develop. Res. $\underline{2}$, 1-53 (1966).

175

EDWARDS, A.L.: Social desirebility and performance of the
MMPI. Psychometrica 29, 4, 295-308 (1964).
EGG, M.: Andere Kinder - andere Erziehung. Zürich: Spiegel-
Verlag 1965.
ENGER, H.: Delinquenzverhalten und Sozialstruktur. Hamburg
1967.
ENGELN, R., KNUTSON, J., LAUGHY, L., GARLINGTON, W.: Behavior
modification techniques applied to a family unit: a case
study. J. Child Psychiat. 9, 245-252 (1968).
EPSTEIN, N.B.: Family psychiatry: comments on theory,
therapeutic technique and clinical investigation. Unveröff. Manuskript.
EYBERG, S.M., JOHNSON, S.M.: Multiple assessment of behavior
modification with families: Effects of contigency and
order of treated problems. J. cons. clin. Psychol. 42,
594-606 (1974).
EYSENCK, H.-J., RACHMAN, S.: Neurosen - Ursachen und Heil-
methoden. Berlin: VEB Deutscher Verlag der Wissenschaften
1970.
FAHRENBERG, J., SELG, H.: Das Freiburger Persönlichkeits-
inventar. Göttingen: Hogrefe 1970.
FAMILIENBERICHT, zweiter: Bericht über die Lage der Familie
in der Bundesrepublik Deutschland. Unterrichtung durch
die Bundesregierung. Bonn: Universitätsbuchdruckerei 1975.
FAMILIE und Sozialisation 1973. Repräsentativerhebung, veran-
laßt von der Sachverständigenkommission zur Erstellung
des zweiten Familienberichtes der Bundesregierung. Deutsches
Jugendinstitut/Ges. für Grundlagenforschung mbH/ EMNID
Datenverarbeitung und Dokumentation. Unveröffentlichte
Tabellenbände 1973.
FÜRSTENAU, P.: Soziologie der Kindheit. Heidelberg: Quelle
& Meyer 1971.
GOTTWALD, P., REDLIN, W.: Verhaltenstherapie bei geistig be-
hinderten Kindern. Z. klin. Psychol. 1, 2, 93-149 (1972).
HAFFTER, C.: Kinder aus geschiedenen Ehen. Bern-Stuttgart:
Huber 1960.
HECKHAUSEN, H.: Die Interaktion der Sozialisationsvariablen
in der Genese des Leistungsmotivs. In: Graumann, C.F.
(Hrsg.): Handbuch der Psychologie, Bd. VII/2. Sozial-
psychologie. S. 955-1019. Göttingen: Hogrefe 1972.
HERLYN, U.: Wohnen im Hochhaus. Beiträge zur Umweltplanung.
Stuttgart-Bern: Krämer 1970.
HOFFMANN, L.W., LIPPITT, R.: The measurement of family life
variables. In: Mussen (Ed.): Handbook of research methods
in child development, p. 945-1013. New York: Wiley 1966.
HOLLAND, C.J.: Elimination by the parents of fire-setting
behavior in a 7-year-old-boy. Behav. Res. Ther. 7, 135-
137 (1969).
HÜFFNER, U., REDLIN, W.: Imitationsbereitschaft bei mongoloiden Kindern. Z. klin. Psychol. 5, 277-286 (1976).
INNERHOFER, P.: Das Münchner Trainingsmodell. Verhaltensänderung - Beobachtung - Analyse. Berlin-Heidelberg-New
York: Springer 1977.
JOHNSON, S., BROWN: Producing behavior change in parents of
disturbed children. J. Child Psychol. Psychiat. 10,
107-121 (1969).

JOHNSON, S.A., KATZ, R.C.: Using parents as change agents for their children: a review. J. Child Psychol. Psychiat. 14, 181-200 (1973).

KEMMLER, L.: Erfolg und Versagen in der Grundschule. Göttingen: Hogrefe 1967.

KLICPERA, C., HEYSE, G., KUTSCHERA, G., SCHWAIGER, H., WARNKE, A.: Entwicklung von verhaltensgestörten und geistig behinderten Kindern nach stationärer Behandlung. Unveröff. Manuskript 1976.

KOSCHORKE, M.: Unterschichten und Beratung. Untersuchungen aus dem evangelischen Zentralinstitut für Familienberatung. Bd. 7. Berlin 1973.

KREBS, S.: Erfahrungen mit einem Modell für erziehungsschwierige Klassen. Unveröff. psychologische Diplomarbeit, Psychol. Institut der Universität München 1974.

KRÜGER, J.: Einstellung von Volks- und Sonderschülern zu Körperbehinderten. Diplomarbeit, Dortmund 1971.

LEHR, U., BONN, R.: Ecology of Adolescents as Assessed by the Daily Round Method in an Affluent Society. In: THOMAE, H.E.T. (Ed.): Contributions to Human Development, p. 67-74, Basel: Karger 1974.

LEHR, U.: Die Bedeutung der Familie im Sozialisationsprozeß. Schriftenreihe des Bundesministers für Jugend, Familie und Gesundheit, Bd. V. Stuttgart 1973.

LIENERT, G.A.: Testaufbau und Testanalyse. Weinheim: Beltz 1969.

MIRA, M.: Results of behavior modification training programm for parents and teachers. Behav. Res. Ther. 8, 309-311 (1970).

MÜLLER, P.: Familie und Schulreife. Praxis der Kinderpsychologie und Kinderpsychiatrie, Beiheft 8. Göttingen 1967.

NITSCH, K.: Das behinderte Kind aus der Sicht der außerklinischen Sprechstunde. In: Fortschritte der Sozialpädiatrie Bd. 1: Probleme des behinderten Kindes. HELLBRÜGE, T. (Hrsg.), S. 45-58. München: Urban & Schwarzenberg 1973.

PATTERSON, G.R., MCNEAL, S., HAWKINS, R., PHELPS, R.: Reprogramming in social environment. J. Child Psychol. Psychiat. and allied Disciplines 8, 181-195 (1967).

PATTERSON, G.R.: Intervention in the homes of predelinquent boys. Washington: Amer. Psychol. Ass. Conv. 1971.

PATTERSON, G.R., SHAW, D., EBNER, M.: Teachers, peers and parents as agents of change in the classroom. In: BENSON (Ed.): Modifying Deviant Social Behavior in Various Classroom Settings, p. 13-47, 1969.

PATTERSON, G.R., REID, J.B.: Reciprocity and coercion: Two facets of social systems. In: NEURINGER, C., MICHAEL, J. (Eds.): Behavior Modification in Clinical Psychology, p. 133-177. New York: Apleton-Century Crofts 1970.

PAUL, H.A.: Das behinderte Kind, ein Sonderproblem? In: Fortschritte der Sozialpädiatrie, Bd. 1: Probleme der behinderten Kinder. HELLBRÜGGE, T. (Hrsg.), S. 15-33. München: Urban & Schwarzenberg 1973.

PEINE, H., MUNRO, B.: Training parents using lecture demonstration procedures and contingency managed program. Unveröff. Manuskript, University of Utah 1970.

PETTINGER, R.: Die wirtschaftliche Situation und der Haus-
    haltsaufbau "Junger Familien" in der BRD. Unveröff.
    Manuskript, Deutsches Jugendinstitut, München 1973.
PINKERT, E.: Schulversagen und Verhaltensstörung in der
    Leistungsgesellschaft. Aktuelle Pädagogik. Neuwied-
    Berlin: Luchterhand 1972.
ROSE, S.D.: A behavioral approach to the group treatment of
    parents. Social Work 14, 12-29 (1969).
ROSE, S.D.: Training parents in groups as behavior modifiers
    of their mentally retarded children. J. Behavior Ther.
    and exp. Psychiat. 5 (2), 135-140 (1974).
RICHTER, H.E.: Eltern, Kind und Neurosen. Stuttgart: Klett
    1963.
SALZINGER, K., FELDMANN, R.S., PORTNOY, S.: Training parents
    of braininjured children in the use of operant conditioning
    procedures. Behav. Ther. 1, 4-32 (1970).
SCHULZE, B., ELLGRING, H., GOTTWALD, P., INNERHOFER, P.,
    MOSKAU, G.: Probleme beim Elterntraining während eines
    Projektes zur Verhaltensmodifikation von emotional ge-
    störten Kindern in einer Münchner Sonderschule. In:
    Sonderheft I/1974 der Mitteilungen der GVT e.V. München:
    Elternarbeit in der Verhaltenstherapie. GOTTWALD, P.,
    EGETMEYER (Hrsg.), S. 127-146.
SHELLOW, R.S., BROWN, B.S., OSBERG, J.W.: Family group therapy
    in retrospect: four years and sixty families. Family
    Process 2, 52-67 (1963).
SIXTL, F.: Meßmethoden der Psychologie. Weinheim: Beltz
    1967.
SOLOMON, M.L. Family therapy of drop-outs. Canad. Psychol.
    Ass. J. 14, 21-29 (1969).
STAEDELI, H.: Ein Beitrag zur Problematik der Erziehungs-
    schwierigkeiten von Müttern zu ihren autistischen Kindern.
    Acta paedophychiat. 35, 227-241 (1968).
STAMPFLI, L.: Die unvollständige Familie. Zürich: Regio-
    Verlag 1951.
STEINBACHER, R.J.: Einstellungen von Volksschülern und Sonder-
    schülern zu Kindern mit sichtbaren körperlichen Abwei-
    chungen. Diplomarbeit, Dortmund 1969.
STUART, R.: Behavioral contracting with the families of de-
    linquents. Behav. Ther. exp. Psychiat. 2, 1-11 (1971).
WAGNER, L.I.: Generalization of parents' behavior from clinic
    to the home during oppositional child training. In: George
    Peabody College for Teachers. Dissertation Abstracts
    International; Vol. 32, 7-8 (4233) (1972).
WAGNER, L.I., ORA, J.: Parental control of very young severly
    oppositional child. Paper presented at the 1970 meeting of
    the Southeastern Psychological Association, Louisville
    (Kentucky) 1970.
WAGNER, M.K.: Parent therapists: An operant conditioning
    method. Mental Hygiene 52, 452-455 (1968)
WALDER, L., COHEN, S., BREITER, D., DASTON, P., HIRSCH, I.,
    LEIBOWITZ, M.: Teaching behavioral principles to parents
    of disturbed children. Paper read at the Eastern Psycho-
    logical Association 1967.
WARNKE, A.: Analyse der Kooperativität von Eltern geistig be-
    hinderter Kinder. Diplomarbeit 1973.

WARNKE, A.: Die Effektivität des Münchner Trainingsmodells bei Eltern lern- und geistig behinderter Kinder zur Behandlung kindlicher Verhaltensstörungen. Dissertation, Fachbereich Medizin, Universität München 1976.

WHITE, M.S.: Social class, childrearing practices and child behavior. Amer. soc. Rev. $\underline{22}$, 704-712 (1957).

WILNER, D.M., WALKEY, R., TAYBACK, M.: The housing environment and Family life. Baltimore: John Hopkins University 1962.

9. Autorenverzeichnis

10. Sachverzeichnis

Springer

Psychologie
Psychotherapie
Psychosomatik

Eine Auswahl

W. F. Angermeier
Kontrolle des Verhaltens
Das Lernen am Erfolg
2., neubearbeitete Auflage.
1976. 49 Abbildungen,
2 Tabellen. XI, 195 Seiten
(Heidelberger Taschen-
bücher, Basistext Psychologie,
Band 100)
DM 19,80; US $ 9.90
ISBN 3-540-07575-5

W. F. Angermeier
Praktische Lerntips
Für Studierende aller Fach-
richtungen
1976. 14 Abbildungen.
VIII, 92 Seiten
DM 10,–; US $ 5.00
ISBN 3-540-07835-5

W. F. Angermeier, M. Peters
Bedingte Reaktionen
Grundlagen. Beziehungen zur
Psychosomatik und
Verhaltensmodifikation
1973. 44 Abbildungen,
XI, 204 Seiten
(Heidelberger Taschen-
bücher, Basistext Psycholo-
gie–Medizin, Band 138)
DM 16,80; US $ 8.40
ISBN 3-540-06393-5

W. Arnold
Der Pauli-Test
Anweisung zur sachgemäßen
Durchführung, Auswertung
und Anwendung des
Kraepelinschen Arbeits-
versuches
5., korrigierte Auflage. 1975.
32 Abbildungen, 29 Tabellen.
182 Seiten
DM 28,–; US $ 14.00
ISBN 3-540-07461-9

N. Birbaumer
Physiologische Psychologie
Eine Einführung an ausge-
wählten Themen
Für Studenten der Psycholo-
gie, Medizin und Zoologie
1975. 169 zum Teil farbige Ab-
bildungen. XII, 268 Seiten
DM 48,–; US $ 24.00
ISBN 3-540-06894-5

J. Bortz
Lehrbuch der Statistik
Für Sozialwissenschaftler
1977. 69 Abbildungen,
213 Tabellen. XI, 871 Seiten
DM 58,–; US $ 29.00
ISBN 3-540-08028-7

C. Bühler, J. Bilz
**Das Märchen und die
Phantasie des Kindes**
Mit einer Einführung von
H. Hetzer
4. Auflage. Unveränderter
Nachdruck der 3. Auflage.
1977. 3 Abbildungen,
144 Seiten
DM 14,–; US $ 7.00
ISBN 3-540-08221-2

C. Bühler, H. Hetzer
Kleinkindertests
Entwicklungstests vom 1. bis
6. Lebensjahr
4. Auflage. Unveränderter
Nachdruck der 3. Auflage.
1977. 2 Abbildungen, 2 Aus-
klapptafeln. VI, 88 Seiten
DM 13,50; US $ 6.80
ISBN 3-540-08222-0

H. Hörmann
Psychologie der Sprache
2., überarbeitete Auflage.
1977. 53 Abbildungen,
19 Tabellen. XI, 223 Seiten
DM 36,–; US $ 18.00
ISBN 3-540-08174-7

P. Innerhofer
**Das
Münchner Trainingsmodell**
Beobachtungen – Inter-
aktionsanalyse – Verhaltens-
änderungen

1977. 5 Abbildungen, 6 Ta-
bellen. 10 Seiten Fragebögen.
VIII, 235 Seiten
DM 38,–; US $ 19.00
ISBN 3-540-08373-1

**Intelligenz, Lernen und
Lernstörungen**
Theorie, Praxis und Therapie
Herausgeber: G. Nissen
Mit Beiträgen von A. Agnoli,
P. E. Becker, G. Benedetti,
R. B. Cattell, B. Cronholm,
G. F. Domagk, J. B. Ebersole,
M. Ebersole, H. J. Eysenck,
C. Giurgea, G. Guttmann,
H. Heckhausen, K. J. Hein-
hold, B. Inhelder, R. Lempp,
P. Leyhausen, M. Müller-
Küppers, G. Nissen, H. Papou-
šek, H. Remschmidt,
M. Schmidt, W. Spiel,
H. W. Stevenson
1977. 73 Abbildungen, 20 Ta-
bellen. VIII, 202 Seiten
DM 28,–; US $ 14.00
ISBN 3-540-08164-X

G. Krapf
**Autogenes Training aus der
Praxis**
Ein Gruppenkurs
2., erweiterte Auflage. 1976.
144 Seiten
DM 12,–; US $ 6.00
ISBN 3-540-79777-7

G. R. Lefrancois
Psychologie des Lernens
Report von Kongor dem
Androneaner
Übersetzt und bearbeitet von
W. F. Angermeier, P. Lepp-
mann, T. Thiekötter
1976. 41 Abbildungen,
10 Tabellen. XI, 215 Seiten
DM 28,–; US $ 14.00
ISBN 3-540-07588-7

**Springer-Verlag
Berlin Heidelberg New York**

B. Luban-Plozza, W. Pöldinger
Der psychosomatisch Kranke in der Praxis
Erkenntnisse und Erfahrungen
Unter Mitarbeit von F. Kröger
Mit einem Geleitwort von M. Balint
3., neubearbeitete und erweiterte Auflage. 1977. 26 Abbildungen, 21 Tabellen.
XIII, 281 Seiten
DM 38,–; US $ 19.00
ISBN 3-540-08266-2

I. Marks
Bewältigung der Angst
Furcht und nervöse Spannung – leichter gemacht
Herausgeber: J. C. Brengelmann
Übersetzt aus dem Englischen von G. Ramin, R. Bender
1977. XIII, 168 Seiten
DM 28,–; US $ 14.00
ISBN 3-540-08077-5

Medizinische Psychologie
Herausgeber: M. v. Kerekjarto
Mit Beiträgen von D. Beckmann, K. Grossmann, W. Janke, M. v. Kerekjarto, H.-J. Steingrüber
2. Auflage. 1976. 23 Abbildungen, 22 Tabellen.
XV, 304 Seiten
(Heidelberger Taschenbücher, Basistext Medizin, Band 149)
DM 19,80; US $ 9.90
ISBN 3-540-07578-X

Praxis der Balint-Gruppen
Beziehungsdiagnostik und Therapie
Herausgeber: B. Luban-Plozza
Mit Beiträgen von F. Antonelli, E. Balint, J. Bastiaans, M. B. Clyne, D. Eicke, W. L. Furrer, G. Garrone, J. Guyotat, H.-K. Knoepfel, F. Labhardt, B. Luban-Plozza, A. Moreau, M. Sapir, A. Trenkel
Vorwort von E. Fromm
1974. 6 Abbildungen, 3 Tabellen. 183 Seiten

DM 30,–; US $ 15.00
ISBN 3-540-79787-4

Psychodrama
Theorie und Praxis
Band 1: G. A. Leutz
Das klassische Psychodrama nach J. L. Moreno
1974. 17 Abbildungen.
XIV, 214 Seiten
DM 38,–; US $ 19.00
ISBN 3-540-06824-4

H.-R. Rechenberger
Kurzpsychotherapie in der ärztlichen Praxis
Mit einem Vorwort von T. H. Winkler
1974. 112 Seiten
DM 20,–; US $ 10.00
ISBN 3-540-79788-2

F. L. Ruch, P. G. Zimbardo
Lehrbuch der Psychologie
Eine Einführung für Studenten der Psychologie, Medizin und Pädagogik
Übersetzt und bearbeitet von W. F. Angermeier, J. C. Brengelmann, T. Thiekötter, W. Gerl, S. Ortlieb, G. Ramin, R. Schips, G. Schulmerich
2., korrigierte Auflage. 1975. 257 zum Teil farbige Abbildungen, 20 Tabellen.
XIV, 565 Seiten
DM 38,–; US $ 19.00
ISBN 3-540-07260-8

J. Schenk
Droge und Gesellschaft
1975. 4 Abbildungen, 13 Tabellen. XV, 371 Seiten
DM 29,80; US $ 14.90
ISBN 3-540-07480-5

W. Spiel
Das Problemkind in der ärztlichen Praxis
Unter Mitarbeit von P. Adam, H. Dieckmann, T. Schönfelder, J. Zauner
1974. 88 Seiten
DM 20,–; US $ 10.00
ISBN 3-540-79794-7

Zwangssyndrome und Zwangskrankheit
Vorträge der 22. Lindauer Psychotherapiewochen 1972
Herausgeber: P. Hahn, H. Stolze
Unter Mitarbeit von P. Dettmering
Mit Beiträgen von D. Beck, C. E. Benda, G. Benedetti, N. Birbaumer, W. Huth, A. Iwanschitz, F. Labhardt, D. Langen, R. Thümler, J. E. Meyer, D. Ohlmeier, H. Quint, W. Spiel, H. Thomä
1974. 8 Abbildungen, 2 Tabellen. VII, 133 Seiten
DM 22,–; US $ 11.00
ISBN 3-540-79802-1

Zwanzig Jahre praktische und klinische Psychotherapie
Psychotherapeutische Erfahrungen mit dem Autogenen Training, der Hypnose und anderen kombinierten Verfahren
Herausgeber: H. Binder
Mit Beiträgen von H. Binder, G. Eberlein, E. Gebhard, G. Grünholz, G. Iversen, B. Jencks, G. Krapf, H. Lindemann, H.-E. Ringler, E. Schaetzing, H. Schulze, H. Wallnöfer
1973. 15 Abbildungen, 6 Tabellen. 197 Seiten
DM 32,–; US $ 16.00
ISBN 3-540-79768-8

Preisänderungen vorbehalten

Springer-Verlag
Berlin
Heidelberg
New York